Esperança sem otimismo

FUNDAÇÃO EDITORA DA UNESP

Presidente do Conselho Curador
Mário Sérgio Vasconcelos

Diretor-Presidente / Publisher
Jézio Hernani Bomfim Gutierre

Superintendente Administrativo e Financeiro
William de Souza Agostinho

Conselho Editorial Acadêmico
Divino José da Silva
Luís Antônio Francisco de Souza
Marcelo dos Santos Pereira
Patricia Porchat Pereira da Silva Knudsen
Paulo Celso Moura
Ricardo D'Elia Matheus
Sandra Aparecida Ferreira
Tatiana Noronha de Souza
Trajano Sardenberg
Valéria dos Santos Guimarães

Editores-Adjuntos
Anderson Nobara
Leandro Rodrigues

Terry Eagleton

Esperança sem otimismo

Tradução
Fernando Santos

Título original: *Hope Without Optimism*

Primeira publicação: University of Virginia Press, 2015
© 2015 Terry Eagleton
"Publicado originalmente pela Yale University Press"
© 2023 Editora Unesp

Direitos de publicação reservados à:

Fundação Editora da Unesp (FEU)
Praça da Sé, 108
01001-900 – São Paulo – SP
Tel.: (0xx11) 3242-7171
Fax: (0xx11) 3242-7172
www.editoraunesp.com.br
www.livrariaunesp.com.br
atendimento.editora@unesp.br

Dados Internacionais de Catalogação na Publicação (CIP) de acordo com ISBD
Elaborado por Vagner Rodolfo da Silva – CRB-8/9410

E11e	Eagleton, Terry
	Esperança sem otimismo / Terry Eagleton; traduzido por Fernando Santos. – São Paulo: Editora Unesp, 2023.
	Tradução de: Hope Without Optimism Inclui bibliografia. ISBN: 978-65-5711-163-5
	1. Filosofia. 2. Fé religiosa. 3. Ideologia política. I. Santos, Fernando. II. Título.

2023-244

CDD 100
CDU 1

Editora afiliada:

Para Nicholas Lash

Não somos otimistas; não apresentamos uma visão sedutora do mundo com a qual todos devem concordar. Simplesmente temos, onde quer que estejamos, uma modesta tarefa local a realizar, do lado da justiça e em defesa dos pobres.

Herbert McCabe, O.P.

Sumário

Prefácio   11

1. A banalidade do otimismo   13
2. O que é a esperança?   59
3. O filósofo da esperança   123
4. Esperança contra a esperança   151

Referências bibliográficas   183
Índice remissivo   191

Prefácio

Como alguém para quem o famoso copo não apenas está meio vazio, mas que quase certamente contém um líquido de sabor desagradável e possivelmente letal, talvez eu não seja o autor mais adequado para escrever sobre a esperança. Existem aqueles cuja filosofia é "comamos, bebamos e nos alegremos, porque amanhã morreremos", e outros, um pouco mais em consonância com minha própria predileção, cuja filosofia é "amanhã morreremos". Um motivo pelo qual eu decidi escrever sobre o tema apesar desses pendores angustiantes é que ele tem sido uma ideia curiosamente omitida em uma época que, nas palavras de Raymond Williams, nos confronta com "a sensação de que o futuro está perdido". Talvez outro motivo para evitar o assunto seja o fato de que aqueles que se aventuram a abordá-lo estão fadados a padecer à sombra do monumental *O princípio da esperança*, de Ernst Bloch, uma obra que examino no Capítulo 3. A obra de Bloch pode não ser a mais admirável nos anais do marxismo ocidental, mas é, de longe, a mais extensa.

Dizem que os filósofos abandonaram, em grande medida, a esperança. Um olhar superficial sobre o acervo de uma biblioteca sugere que eles entregaram o tema, de forma abjeta, a livros com títulos como *Half Full: Forty Inspiring Stories of Optimism, Hope, and Faith* [Meio cheio: quarenta histórias de otimismo, esperança e fé]; *Hope and Hilarity* [Esperança e alegria]; e (o meu favorito) *The Years of Hope: Cambridge, Colonial Administration in the South Seas and Cricket* [Os anos de esperança: Cambridge, governo colonial nos Mares do Sul e críquete], sem falar nas inúmeras biografias de Bob Hope. É um assunto que parece atrair todos os moralistas ingênuos e chefes de torcida do planeta. Portanto, existe espaço para uma reflexão sobre o tema por alguém como eu, que não conhece críquete nem administração colonial, mas que se interessa pelas implicações políticas, filosóficas e teológicas da ideia.

Este livro teve origem nas Conferências Page-Barbour da Universidade da Virgínia, que fui convidado a apresentar em 2014. Agradeço imensamente a todos aqueles que me acolheram em Charlottesville durante a minha estada na cidade, especialmente Jenny Geddes. Quero registrar minha gratidão especial a Chad Wellmon, que organizou minha visita com uma eficácia admirável e se mostrou um anfitrião extremamente simpático e atencioso.

T. E.

1
A banalidade do otimismo

Pode haver inúmeros motivos aceitáveis para acreditar que uma situação acabará bem, mas esperar que isso acontecerá porque você é otimista não é um deles. Isso é tão irracional quanto acreditar que tudo dará certo porque você é albanês ou porque choveu três dias sem parar. Se não existe nenhum motivo aceitável pelo qual as coisas deveriam se resolver de maneira satisfatória, também não existe nenhum motivo aceitável pelo qual elas não deveriam se resolver de maneira insatisfatória, de modo que a crença do otimista é infundada. É possível ser um otimista pragmático, no sentido de ter certeza de que este problema, mas não aquele outro, será resolvido; mas o que se poderia chamar de otimista profissional ou de carteirinha se sente confiante em relação a situações específicas porque tende a se sentir confiante em geral. Ele vai encontrar o *piercing* de nariz que estava perdido ou herdar um solar de estilo jacobita porque a vida como um todo não é tão ruim. Ele corre o risco, portanto, de comprar sua esperança por uma ninharia. Na verdade, há uma sensação de que o otimismo é mais uma questão de crença que de esperança. Ele se baseia na opinião de que as coisas tendem a dar certo, não no compromisso corajoso que a esperança envolve. Henry James o considerava predominante tanto na vida quanto na literatura. "Em relação às aberrações de um otimismo raso", ele escreve em "A arte da ficção", "o solo (especialmente da ficção inglesa) está coberto com suas frágeis partículas, como se fosse vidro moído."[1]

Como um ponto de vista geral, o otimismo é autossuficiente.[2] Se é difícil contestá-lo, é porque ele é uma postura primordial diante do mundo que, como o cinismo ou a credulidade, ilumina os fatos a partir do seu ponto de vista específico, e, portanto, resiste a ser refutado por eles. Daí a metáfora banal de enxergar o mundo através de óculos cor-de-rosa, que irão colorir tudo que possa desafiar a sua visão com o mesmo brilho róseo. Numa espécie de astigmatismo moral, o indivíduo distorce a verdade para adaptá-la a suas inclinações naturais, que já tomaram todas as decisões essenciais em seu nome. Como o pessimismo envolve, em grande medida, o mesmo tipo de capricho intelectual, os dois estados mentais têm mais em comum do que geralmente se acredita. O psicólogo Erik Erikson menciona um "otimismo desajustado" por meio do qual a criança não consegue aceitar os limites do possível ao não conseguir registrar os desejos daqueles que a rodeiam e a sua incompatibilidade com seu próprio desejo.[3] Na visão de Erikson, é essencial reconhecer a inexorabilidade da realidade para a formação do ego, mas é justamente isso que o otimista crônico ou profissional acha difícil de alcançar.

O otimista não é apenas alguém com grandes expectativas. Mesmo o pessimista pode se sentir confiante em relação a uma questão específica, qualquer que seja a sua tristeza habitual. É possível ter esperança sem sentir que as coisas em geral provavelmente darão

---

[1] Shapira (org.), "The Art of Fiction", em *Henry James: Selected Literary Criticism*, p.97.
[2] Um dos poucos eruditos a conferir ao otimismo uma condição de dignidade filosófica é Boden, "Optimism", *Philosophy*, v.41, p.291-303, 1966, em ensaio que nos lembra que, embora o otimismo geralmente não seja considerado intelectualmente respeitável nos nossos dias, ele o era no século XVIII.
[3] Ver Erikson, *Insight and Responsibility*, p.118.

certo. O otimista é, mais propriamente, alguém que confia na vida simplesmente porque é otimista. Ele prevê conclusões agradáveis porque esse é o seu jeito de ser. Por isso, ele não consegue aceitar a ideia de que é preciso ter motivos para ser feliz.[4] Portanto, ao contrário da esperança, o otimismo profissional não é uma virtude, do mesmo modo que ter sardas ou pé chato não é uma virtude. Não é uma aptidão que se obtém através de uma reflexão profunda ou de um estudo disciplinado. É simplesmente uma peculiaridade de temperamento. "Olhe sempre para o lado bom da vida" tem quase tanta força racional quanto "sempre reparta o cabelo ao meio", ou "sempre toque no chapéu servilmente ao cruzar com um cão galgo irlandês".

Quanto a isso, a imagem igualmente desgastada do copo meio cheio ou meio vazio, dependendo do ponto de vista do observador, é instrutiva. A imagem revela o fato de que não existe nada na própria situação que determine a reação da pessoa a ela. Ela não pode oferecer nenhum desafio aos preconceitos habituais do indivíduo. Não existe nada objetivamente em jogo. Ele vai ver a mesma quantidade de líquido se for uma pessoa alegre ou taciturna. Portanto, o modo como alguém se sente em relação ao copo é puramente arbitrário. E é realmente questionável se uma opinião que é puramente arbitrária pode ser considerada uma opinião.

O assunto decerto não admite discussão, assim como nas formas mais epistemologicamente ingênuas de pós-modernismo não cabe discutir sobre crenças. O fato é que você vê o mundo da sua maneira e eu vejo da minha, e não existe nenhum terreno neutro no qual esses dois pontos de vista possam discordar entre si. Como qualquer terreno desse tipo seria, ele próprio, interpretado de maneira diferente pelos pontos de vista em questão, ele não seria de modo algum neutro. Nenhum ponto de vista pode ser empiricamente refutado, já que cada um interpreta os fatos de uma maneira que confirma sua própria validade. De maneira semelhante, tanto o otimismo como o pessimismo

---

4 Ver Frankl, *Man's Search for Meaning*, p.140.

são formas de fatalismo. Não há nada que se possa fazer quanto ao fato de ser otimista, como não há nada que se possa fazer quanto ao fato de ter 1,60m. O indivíduo está acorrentado à sua alegria como um escravo ao seu remo, o que é uma perspectiva bastante sombria. Como no caso do relativismo epistemológico, o que resta aos dois campos é respeitar a opinião um do outro, em uma espécie de tolerância meio ineficaz. Não existem bases racionais para decidir entre os dois casos, assim como para uma certa corrente de relativismo moral não existem bases racionais para optar entre convidar os amigos para jantar e pendurá-los de cabeça para baixo na viga do teto enquanto você lhes esvazia os bolsos. A esperança autêntica, por outro lado, precisa estar sustentada por motivos. Nisso ela se parece com o amor, do qual, teologicamente falando, ela é um modo específico. Ela precisa ser capaz de perceber as características de uma situação que a tornam digna de crédito. Caso contrário, ela é apenas um pressentimento, como estar convencido de que há um polvo debaixo da cama. A esperança precisa ser falível, o que não se aplica ao temperamento alegre.

Mesmo quando o otimismo reconhece que os fatos não o sustentam, seu entusiasmo pode continuar inalterado. Mark Tapley, um personagem de *Martin Chuzzlewit* de Dickens, é tão fanaticamente bem-humorado que vai atrás de situações terríveis que deixariam os outros desesperados para demonstrar que a sua genialidade não veio a troco de nada. Como Tapley deseja que a sua situação seja a mais terrível possível para se sentir contente consigo mesmo, seu otimismo é, na verdade, uma forma de egoísmo, como acontece com a maioria dos pontos de vista no romance. Ele é parecido com o sentimentalismo, outra forma de simpatia que diz respeito, secretamente, a ele mesmo. O egoísmo é tão comum em *Martin Chuzzlewit* que mesmo a generosidade de espírito de Tapley é retratada como uma espécie de idiossincrasia ou capricho de temperamento, raramente um fenômeno moral. Existe uma sensação de que ele não quer realmente que a situação melhore, já que isso retiraria o valor moral da sua sinceridade. Sua disposição jovial, portanto, é cúmplice das forças que espalham a miséria ao seu redor. O pessimista também desconfia das tentativas de aperfeiçoamento – não porque elas o privariam de momentos de alegria, mas porque acredita que existe uma grande probabilidade de elas fracassarem.

Os otimistas tendem a acreditar no progresso. Porém, se as coisas podem ser aperfeiçoadas, então isso significa que a sua atual situação deixa a desejar. Nesse sentido, o otimismo não é tão confiante como aquilo que o século XVIII conheceu como optimalismo – a doutrina leibniziana de que habitamos o melhor dos mundos possíveis. O otimismo não é tão otimista quanto o optimalismo. Para o optimalista, nós já desfrutamos do melhor dos sistemas cósmicos possíveis; o otimista, por outro lado, pode reconhecer os defeitos do presente enquanto contempla um futuro mais resplandecente. A questão é saber se a perfeição já está aqui ou se é um objetivo para o qual nos dirigimos. No entanto, não é difícil perceber que o optimalismo pode constituir uma receita para a inércia moral, o que pode, então, minar sua afirmação de que o mundo não pode ser aperfeiçoado.

Os optimalistas são tão privados de esperança quanto os niilistas, porque eles não precisam dela. Como eles não percebem nenhum clamor por mudança, podem acabar associados aos conservadores para os quais tal mudança é deplorável, ou para aqueles aos quais a nossa situação é corrompida demais para permiti-la. Henry James observa: "embora o conservador não seja necessariamente otimista, penso que é bem provável que o otimista seja conservador".[5] Os otimistas são conservadores porque sua fé num futuro favorável está baseada na confiança de que o presente é basicamente irrepreensível. Na verdade, o otimismo é um elemento típico das ideologias da classe dominante. Se os governos geralmente não estimulam os cidadãos a acreditar que existe um apocalipse assustador à espreita na esquina, isso se deve em parte ao fato de que, para uma população esclarecida, a alternativa pode ser o descontentamento político. O desalento, por

---

5 James, *Literary Criticism*, v.2: *European Writers: Prefaces to the New York Edition*, p.931.

outro lado, pode ser uma postura radical. Só se você considerar que a sua situação é crítica irá reconhecer a necessidade de transformá-la. O descontentamento pode ser um estímulo para a reforma. Por outro lado, é provável que os otimistas apresentem soluções absolutamente cosméticas. A verdadeira esperança é mais necessária quando a situação é mais gritante, um estado de adversidade que o otimismo reluta em aceitar. Seria preferível não precisar ter esperança, já que a necessidade de fazê-lo é um sinal de que o inaceitável já aconteceu. Para o Antigo Testamento, por exemplo, a esperança tem um subtexto lúgubre, incluindo, como é o caso, a destruição dos ímpios. Se alguém precisa da virtude, é porque existe uma grande quantidade de vilões por aí.

Friedrich Nietzsche diferencia, em *Schopenhauer como educador*, dois tipos de alegria – um inspirado por um confronto trágico com algo medonho, como no caso dos antigos gregos, e outro, um sinal superficial de entusiasmo que adquire sua resiliência às custas de uma consciência do irreparável. Ele é incapaz de olhar os monstros que pretende combater diretamente nos olhos. Nessa medida, a esperança e o otimismo temperamental estão prontos para a briga. Na visão de Nietzsche, a verdadeira leveza de espírito é penosa e exigente, uma questão de coragem e autossuperação. Ela derruba a diferença entre alegria e seriedade, e é por isso que ele pode escrever em *Ecce Homo* que está "alegre, ainda que rodeado apenas por verdades desagradáveis". Na verdade, Nietzsche também tinha motivos condenáveis para rejeitar o otimismo. Em *O nascimento da tragédia*, ele o descarta com um espírito machista como uma "doutrina anêmica", associando-o às perigosas aspirações revolucionárias da "classe de escravos" do seu tempo.

Theodor Adorno observou certa vez que os pensadores que nos mostram a verdade sóbria e simples (ele tinha em mente Freud, em particular) eram mais úteis à humanidade que os utopistas crédulos. Veremos posteriormente como o colega de Adorno, Walter Benjamin, construiu sua visão revolucionária a partir de uma desconfiança do progresso histórico e a partir também de uma profunda melancolia.

O próprio Benjamin chama esse ponto de vista de "pessimismo", mas também é possível considerá-lo realismo, a condição moral mais difícil de alcançar. Num célebre ensaio sobre o surrealismo, ele menciona a necessidade urgente de "organizar" o pessimismo com fins políticos, em oposição ao otimismo simplório de certos setores da esquerda. Existe, ele escreve, uma carência de "pessimismo em toda a linha. Absolutamente. Desconfiança do destino da literatura, desconfiança do destino da liberdade, desconfiança do destino do humanitarismo europeu, mas desconfiança tripla de toda reconciliação entre as classes, entre as nações e entre os indivíduos. E confiança ilimitada apenas na I. G. Farben e na precisão pacífica da força aérea".[6] O ceticismo obstinado de Benjamin está a serviço do bem-estar da humanidade. É uma tentativa de permanecer friamente lúcido em nome da ação construtiva. É verdade que, em outras mãos, a visão desesperada de Benjamin poderia questionar a própria possibilidade de transformação política. Talvez uma certa impotência faça parte da catástrofe geral. Se for assim, então quanto mais a situação piora, mais difícil pode ser modificá-la. Benjamin não pensa assim. Para ele, a rejeição do otimismo é uma condição essencial da transformação política.

Otimismo e pessimismo podem ser características de visões de mundo bem como de indivíduos. Os liberais, por exemplo, tendem ao primeiro, enquanto os conservadores se inclinam para o segundo. De modo geral, o liberal acredita que os homens e as mulheres se comportarão de forma conveniente se puderem prosperar livremente, ao passo que o conservador tende a considerá-los criaturas imperfeitas e imprevisíveis que precisam ser controladas e disciplinadas caso se queira extrair algo de proveitoso delas. Existe uma diferenciação semelhante entre os românticos e os classicistas. De modo geral, a Idade Média foi menos eufórica em sua avaliação da humanidade que

---

[6] Benjamin, *One-Way Street and other Writings*, p.238 (tradução [para o inglês] levemente corrigida).

o Renascimento, pois estava mergulhada num sentimento de pecado e corrupção. Ignatius Reilly, o herói do romance *Uma confraria de tolos*, de John Kennedy Toole, e um defensor resoluto da civilização medieval, declara: "o otimismo me dá nojo. Ele é perverso. Desde a sua queda, o homem ocupa no universo o lugar do sofrimento".

Os conservadores tendem a se dividir entre os chamados deterioracionistas, para os quais existiu uma idade de ouro da qual nós decaímos de maneira desastrosa, e aqueles para os quais toda era é tão degenerada como qualquer outra. É possível interpretar *A terra devastada*, de T. S. Eliot, como uma combinação dessas circunstâncias mutuamente contraditórias. Também tivemos ideólogos do final do século XIX que eram otimistas e pessimistas ao mesmo tempo, louvando as virtudes da civilidade e da tecnologia enquanto consideravam que elas estavam ligadas, por toda parte, à entropia e à degeneração, sobretudo na proliferação de uma classe baixa meio selvagem.[7] Tanto marxistas como cristãos são mais pessimistas a respeito da situação atual da humanidade que liberais e social-reformistas, embora sejam muito mais otimistas a respeito das suas perspectivas futuras. Em ambos os casos, essas duas atitudes são lados da mesma moeda. Tem-se fé no futuro porque se procura confrontar o presente em seu aspecto mais repugnante. Como veremos posteriormente, é uma maneira trágica de pensar, estranha igualmente aos progressistas radiantes e aos Jeremias carrancudos.

É difícil negar que realmente houve progresso na história da humanidade.[8] Aqueles que se permitem duvidar dele, um grupo que inclui inúmeros pensadores pós-modernos, provavelmente não gostariam de voltar a queimar bruxas, à economia escravista, ao saneamento do século XII ou à cirurgia antes da anestesia. Que vivamos

---

7 Ver Jones, *Outcast London: A Study in the Relationship between Classes in Victorian Society*; e Angenot, *Le Centenaire de la Révolution 1889*.
8 Para uma defesa (não inquestionável) do progresso e do Iluminismo, ver Tallis, *Enemies of Promise*.

num mundo aturdido com as armas nucleares e manchado por uma pobreza descomunal não elimina o fato de que algumas coisas se tornaram inimaginavelmente melhores. O que está em questão não é o progresso, e sim o Progresso. Acreditar que existe progresso na história não é necessariamente acreditar que a história enquanto tal está num processo ascendente. Em seu estado mais otimista e narcisista, a classe média de uma época anterior defendia que a humanidade estava evoluindo com seus próprios meios para um estado superior, talvez até mesmo utópico. O chamado perfeccionismo se encontrava entre as convicções de cientistas e políticos que, por outro lado, eram intransigentes e pragmáticos. Examinaremos posteriormente uma versão de esquerda dessa crença nos textos de Ernst Bloch. Podemos descrever esse ponto de vista (embora não no caso de Bloch) como fatalismo otimista – uma combinação curiosa, na verdade, já que o fatalismo, em nosso próprio tempo, costuma ser mais encontrado na companhia do pessimismo. O inevitável geralmente é desagradável. Enquanto a imagem do copo meio cheio reduz a esperança à pura subjetividade, a doutrina do progresso a reifica numa realidade objetiva. Para gente como Herbert Spencer e Augusto Comte, a humanidade pode cooperar com as leis poderosas que conduzem a história para a frente e para cima, ou pode obstruí-las; mas ela é impotente para alterar sua natureza básica, do mesmo modo que ninguém pode brincar com a Providência. O caso de Immanuel Kant é muito parecido. Para ele, a própria natureza garante um futuro de paz eterna, mas o faz através de atividades humanas independentes como o comércio e os negócios. A esperança, digamos assim, está incorporada na estrutura da própria realidade. Ela é uma característica tão inerente ao mundo como as forças que moldam a anatomia da estrela-do-mar. Mesmo se esquecermos dela, ela não se esquecerá de nós. Esta é uma visão que corre o risco de reduzir os homens e as mulheres à inércia política, já que, se um futuro glorioso está assegurado, é difícil perceber por que eles deveriam se mexer para trabalhar por ele. O tipo de marxismo para o qual um futuro comunista está absolutamente garantido precisa explicar por que também é preciso lutar por ele.

Formas extravagantes de otimismo podem ser moralmente questionáveis. Entre elas está a teodiceia, a tentativa de justificar o mal alegando que o bem pode resultar do mal, o que eleva o otimismo superficial às alturas. Para o *Ensaio sobre o homem*, de Alexander Pope, um poema que deve muito a Leibniz e ao deísmo, o mal é simplesmente o bem mal interpretado. Se fôssemos capazes de enxergar o estupro e a escravidão do ponto de vista do universo como um todo, reconheceríamos o papel fundamental que eles desempenham no bem-estar geral. O protesto moral é, na realidade, miopia. Como reflete um personagem da peça *A morte de Danton*, de Georg Büchner: "Existe um ouvido para o qual a cacofonia desenfreada que nos ensurdece não passa de um fluxo melodioso". Além disso, o sofrimento pode fazer de você um homem. Deus, escreve o filósofo Richard Swinburne, tem razão de permitir "Hiroshima, Belsen, o terremoto de Lisboa ou a Peste Negra" para que os homens e as mulheres possam viver num mundo real e não num mundo de brinquedo.[9] Mundos de brinquedo não nos apresentam desafios suficientemente relevantes, e, portanto, nos dão poucas oportunidades de flexionar os músculos morais. É difícil imaginar alguém que não fosse um acadêmico sugerindo um exemplo como esse.

Teodiceias de tipo agressivamente teimoso como esse não ensinam que o mal, por mais repugnante que seja em si mesmo, pode ocasionalmente dar origem ao bem, um argumento difícil de negar, mas que ele deve ser aceito ou mesmo abraçado como uma condição necessária desse valor. O problema de alguns pensadores iluministas desse gênero era que, quanto mais o universo parecia um todo racional e harmonioso, maior se revelava o problema do mal.[10] Esse otimismo cósmico tende a ser autodestrutivo, já que põe em destaque o

---

9 Swinburne, *The Existence of God*, p.219.
10 Ver Surin, *Theology and the Problem of Evil*, p.32.

que acha mais difícil de acomodar. É mais provável que aqueles que acreditam na perfectibilidade fiquem amedrontados com a perspectiva de guerra e genocídio que os cínicos e misantropos, que podem encontrar nesses infortúnios uma evidência consoladora de que o tempo todo eles tinham razão a respeito da degeneração humana.

Houve aqueles no século XVIII que negavam a realidade do mal, enquanto alguns no século XIX defendiam que o problema que ele apresentava podia ser resolvido pela doutrina do progresso. A visão deísta podia ser historicizada. O mal era bastante real, mas estava em vias de ser erradicado. Portanto, a noção de progresso permitiu que se reconhecesse o inegável enquanto retinha a fé na perfeição humana. Para uma certa visão historicista, o trabalho penoso e a pobreza podiam ser justificados pelo papel que eles desempenhavam no aperfeiçoamento da espécie. Sem um trabalho árduo para alguns, nada de vida civilizada para outros. Para cada grande escultura ou sinfonia, uma fileira de casebres miseráveis. Que não existe vida civilizada sem exploração era uma visão defendida por Friedrich Nietzsche, bem como por muitos outros menos descaradamente preparados para proclamá-lo. O trabalho é o precursor da cultura, e, como um pai oprimido, encontra consolo para as suas aflições no sucesso da sua prole. A cultura, por sua vez, se mostra extremamente resistente a reconhecer seu parentesco ordinário com um *superstar* oriundo dos bairros pobres.

Se os ideólogos do capitalismo primitivo tinham esperança, isso se devia, entre outras coisas, ao fato de não considerarem seu sistema autossuficiente. A produção era uma história que ainda estava por ser contada. O capitalismo tardio, por outro lado, é muito menos otimista, o que não significa que ele seja desiludido. O eu consumista, ao contrário do produtivista, habita este ou aquele momento do tempo, não algo que se pareça a uma narrativa. Ele é aleatório e difuso demais para ser objeto de uma evolução compreensível. Portanto, não existe nenhum futuro radicalmente modificável a ser contemplado. Consequentemente, a esperança numa escala significativa é obsoleta. Não é provável que nada em nível histórico-mundial aconteça novamente, já que o espaço em que ele poderia ocorrer virou pó. O futuro será simplesmente um presente eternamente expandido. É possível, portanto, combinar a excitação de ver o que o futuro nos trará com o alívio de saber que isso não incluirá nenhuma mudança drástica inconveniente. Numa época anterior do capitalismo, podíamos ser otimistas porque podíamos antever um futuro resplandecente; numa etapa posterior do mesmo sistema, a escassa expectativa existente se baseia no pressuposto de que o futuro será uma repetição do presente. Não existe muita esperança por aí; mas isso é um sinal auspicioso, já que significa que não existe nada a ser resgatado.[11]

As nações, como as doutrinas políticas, podem ser otimistas ou pessimistas. Ao lado da Coreia do Norte, os Estados Unidos são um dos únicos países do mundo em que o otimismo é quase uma ideologia de Estado. Para amplos setores da nação, ser otimista é ser patriota, enquanto o negativismo é uma espécie de delito de opinião. O pessimismo é considerado vagamente subversivo. Mesmo no momento de maior desespero, uma fantasia coletiva de onipotência e infinito continua assombrando a consciência nacional. Seria quase tão impossível eleger um presidente norte-americano que informasse a nação que seus melhores dias tinham ficado para trás quanto eleger um chimpanzé, embora, quanto a isso, um ou dois passaram perto. Um líder como esse seria um excelente alvo para um assassino. Um historiador norte-americano observou recentemente que "os discursos presidenciais inaugurais são sempre otimistas, em qualquer época". O comentário não pretendia ser uma crítica. Existe uma alegria compulsiva em alguns aspectos da cultura norte-americana, uma retórica de posso-fazer-o-que-quiser que revela um medo quase patológico do fracasso.

---

11 A abolição do futuro chegou até mesmo a ser defendida por alguns na esquerda política. Ver Clark, "For a Left with No Future", *New Left Review*, n.74, p.53-75, mar.-abr. 2012.

Num estudo escrito com uma falta de estilo insuportável intitulado *The Biology of Hope* [A biologia da esperança], o acadêmico canadense Lionel Tiger, ansioso por colocar a ideologia da esperança de seu país em bases científicas, se mostra muito preocupado com macacos drogados, substâncias que alteram o humor e alterações químicas encontradas nos excrementos de pais que sofriam com a morte dos filhos. Se ao menos pudéssemos descobrir o fundamento biológico da jovialidade, seria possível erradicar o descontentamento político e garantir uma população em êxtase permanente. A esperança é um estimulante politicamente útil. "Existe a possibilidade", observa Tiger, "de que o aumento do otimismo seja uma obrigação de todos os seres humanos".[12] Parece que Stálin e Mao tinham mais ou menos a mesma opinião. É nosso dever moral insistir que tudo está bem, mesmo quando é evidente que não está.

Numa linha semelhante, os autores da obra intitulada *Hope in the Age of Anxiety* [Esperança na era da ansiedade] nos informam que "a esperança é o melhor remédio porque representa um meio-termo adaptativo entre a reação de estresse superativada e o complexo de desistência indiferente". A esperança nos assegura "níveis adequados de neurotransmissores, hormônios, linfócitos e outros elementos críticos relacionados à saúde".[13] A falta da substância é prejudicial à saúde pessoal e política. Talvez já existam cientistas na Califórnia trabalhando para transformá-la em pastilha. O filósofo norte-americano William James era refratário a essa visão edulcorada. "A derradeira palavra é amável?", pergunta ele. "É tudo 'sim, sim' no universo? A realidade do 'não' não se ergue bem no centro da vida? A própria 'seriedade' que atribuímos à vida não significa que nãos e perdas inevitáveis fazem parte dela, que em algum lugar existem sacrifícios de verdade, e que algo eternamente drástico e amargo sempre fica no fundo da xícara?"[14]

---

12 Tiger, *The Biology of Hope*, p.282.
13 Scioli; Biller, *Hope in the Age of Anxiety*, p.325.
14 James, *Pragmatism and other Writings*, p.129.

A política "baseada na fé" – não "na realidade" – da Casa Branca no governo de George W. Bush levou uma postura norte-americana conhecida ao nível da insanidade. A realidade é um pessimista para cuja conversa traiçoeira é preciso fechar os ouvidos. Como a verdade muitas vezes é bastante desagradável, ela precisa ser superada pela vontade inabalável. Esta é uma veia otimista difícil de diferenciar da doença mental. Esse tipo de alegria é uma forma de negação psicológica; apesar de toda a vitalidade máscula, na verdade ele é um subterfúgio moral. Ele é o inimigo da esperança, que é necessária justamente porque somos capazes de reconhecer a gravidade da situação. Por outro lado, a ligeireza que faz que o otimista tenha esperança também o leva a subestimar os obstáculos para lidar com ela, deixando-o, portanto, com um tipo de certeza absolutamente inútil. O otimismo não leva o desespero suficientemente a sério. O imperador Francisco José ficou conhecido por ter observado que, enquanto em Berlim a situação era séria, mas não desesperadora, em Viena ela era desesperadora, mas não séria.

A alegria é uma das emoções mais banais. Costumamos associá-la a saltitar por aí com um colete listrado e um nariz de plástico vermelho. A própria palavra "felicidade", ao contrário do francês *bonheur* e do grego antigo *eudaemonia*, tem conotações sentimentaloides, enquanto "contentamento" soa moroso demais. "A esperança do homem néscio", escreve o autor do Livro de Eclesiastes, "é vã e falsa". O filósofo francês Gabriel Marcel duvida que possa existir qualquer otimismo sincero.[15] Talvez ele seja mais bem compreendido como uma forma degenerada e incorrigivelmente ingênua de esperança. Existe algo insuportavelmente irritadiço nele, como pode haver algo morbidamente autoindulgente num pessimismo que se alimenta, com uma mal disfarçada alegria, da sua própria melancolia. Como o pessimismo, o otimismo espalha uma cobertura monocromática sobre o mundo todo, insensível às nuances e às diferenças. Como ele é um

---
15 Ver Marcel, *Homo Viator*, p.34.

estado de espírito, todos os objetos se tornam insipidamente intercambiáveis, numa espécie de valor de troca do espírito. O otimista de carteirinha reage a tudo da mesma forma rigorosamente programada, eliminando assim o acaso e a contingência. Em seu mundo determinista, as coisas estão destinadas, com uma previsibilidade sobrenatural, a funcionar bem, e sem nenhum motivo razoável para isso.

É admirável que entre o surgimento de *Clarissa*, de Samuel Richardson, em meados do século XVIII, e os romances de Thomas Hardy no final da Inglaterra vitoriana praticamente não encontramos um romance trágico (no sentido de ter um final desastroso). Certamente existem algumas obras aterrorizantes que passam perto. *O morro dos ventos uivantes* chega ao limiar da tragédia, enquanto *Villette*, de Charlotte Brontë, apresenta ao leitor finais alternativos, um trágico e um cômico, como se estivesse preocupado em encerrar unicamente num tom trágico. Maggie Tulliver, a protagonista de *O moinho à beira do rio Floss*, de George Eliot, morre no final da narrativa, mas numa união tão enlevada com o irmão teimoso e sovina que o desfecho é curiosamente edificante. Embora *Middlemarch*, de Eliot, termine com uma nota velada, em seu suspiro final ele ratifica sua fé no espírito reformador, ainda que sombriamente qualificado. As palavras finais de *A pequena Dorrit*, de Dickens, são razoavelmente incômodas, mas o romance, como todas as obras do autor, se recusa a levar completamente seu desencanto até a tragédia total. Fiel a esse impulso, Dickens modificou o final de *Grandes esperanças* para unir o herói e a heroína. Mesmo quando retrata as realidades sociais mais horríveis, ao menos nos primeiros romances, seu estilo pirotécnico as mantém agradavelmente a uma certa distância. O entusiasmo e a vivacidade com os quais ele descreve as características mais angustiantes da Inglaterra vitoriana são, em si mesmos, uma forma de superá-las.

Thomas Hardy não escandalizou tanto os leitores por seu ateísmo ou por suas opiniões esclarecidas sobre o sexo quanto por seu realismo trágico constante. Foi sua recusa de um consolo ficcional e religioso e de diferentes tipos de entorpecentes que se mostrou tão inquietante para um público vitoriano extremamente carente de um consolo ficcional. Tess Durbeyfield e Jude Fawley são protagonistas trágicas de pleno direito, e, como tais, figuras surpreendentemente estranhas nos anais da ficção inglesa. Samuel Richardson se fez de surdo diante das súplicas da alta sociedade angustiada, que acompanhava ansiosa o destino da sua heroína Clarissa, de que ele deveria salvá-la, decidindo, em vez disso, forçar o enredo obstinadamente até a sua morte. Os vitorianos se sentiam especialmente perturbados com a tristeza, sobretudo porque ela era considerada socialmente desestabilizadora. Numa era de agitação social, um dos principais propósitos da arte era ser edificante. O objetivo da ficção, como Freud argumenta em relação à fantasia em geral, era corrigir os erros de uma realidade insatisfatória. O romance inglês apoiou o *status quo* não apenas em seu apreço pela classe, pelo respeito e pela ordem social, mas também por insistir sempre nos finais otimistas.

Mesmo numa época marcada pela incredulidade, os autores dos textos da sobrecapa costumam enxergar um fio de esperança nos romances mais sombrios, supondo, talvez, que os leitores provavelmente vão achar o excesso de melancolia deprimente demais. Mesmo assim, estamos acostumados que as nossas narrativas terminem com um tom sombrio ou inconclusivo. Quando elas não conseguem ser adequadamente pessimistas, o efeito pode ser surpreendente. Esse é o caso do romance de José Saramago *Ensaio sobre a cegueira*, em cujo final um grupo de homens e mulheres que perderam inexplicavelmente a visão passam a enxergar de forma igualmente inesperada. Um a um, esses personagens cegos trocam a escuridão pela luz. Uma obra de ficção contemporânea acabar num tom tão alegremente transformador é quase tão audacioso como se *Orgulho e preconceito* terminasse com o massacre das irmãs Bennet.

Existem aqueles para os quais o otimismo, embora não exatamente profundo, pelo menos é racional. *O otimista racional*, obra elegante e erudita de Matt Ridley, se diferencia das manifestações superficiais ao basear sua visão alegre de mundo naquilo que ela considera como realidade. Ela também nos oferece este magnífico parágrafo indignado:

> Mesmo depois do melhor meio século de redução da pobreza, ainda existem centenas de milhões que ficam cegos por falta de vitamina A em sua dieta monótona, ou que veem os filhos com a barriga inchada por deficiência de proteína, ou que são assolados pela disenteria evitável causada por água contaminada, ou que tossem em razão de uma pneumonia evitável provocada pela fumaça de fogueiras em ambientes fechados, ou que definham de Aids, que poderia ser tratada, ou que tremem de malária, algo inconcebível. Há gente morando em casebres de barro seco, favelas feitas de chapas de zinco ou sobrados de concreto ordinário (incluindo a "África no interior" do Ocidente), gente que nunca tem a chance de ler um livro ou de ir ao médico. Há garotos com metralhadoras e garotas que vendem o corpo. Se a minha bisneta ler este livro em 2200, quero que ela saiba que estou plenamente consciente da desigualdade do mundo em que habito, um mundo no qual posso me preocupar com o meu peso e um dono de restaurante pode reclamar da crueldade que é importar feijões verdes por via aérea do Quênia no inverno enquanto em Darfur o rosto enrugado de uma criança está coberto de moscas, na Somália uma mulher é apedrejada até a morte e no Afeganistão um solitário empresário americano constrói escolas enquanto seu governo joga bombas.[16]

Está longe de ser uma visão panglossiana. Ao contrário, é um *cri de coeur** comovente e apaixonado, de uma compaixão admirável e eloquente. Porém, apesar da sua indignação, Ridley considera a era moderna como uma história de progresso espantoso, e ele certamente

---

16 Ridley, *The Rational Optimist*, p.353. As outras referências de página dessa obra aparecerão entre parênteses depois das citações.

* Em francês no original: "grito angustiado". (N. T.)

tem razão de pensar assim. De modo geral, os seres humanos são mais ricos, mais livres, mais altos, mais saudáveis, mais pacíficos, mais móveis, mais bem educados, mais tranquilos, seguros e satisfeitos do que em qualquer período anterior da sua violenta, mórbida e carente história. Ridley ficaria confuso em saber que Karl Marx teria endossado com prazer seu ponto de vista. Na verdade, há momentos em que nos perguntamos se esse ex-presidente de um banco que faliu de forma espetacular é um marxista com terno risca de giz, sobretudo por sua fé na expansão contínua das forças produtivas. Só que, enquanto Ridley enxerga uma relação direta entre a riqueza material e o bem-estar humano, Marx não nutre essas ilusões mecanicistas. É verdade que a primeira é uma condição necessária da segunda, já que só os santos conseguem viver quando estão morrendo de fome, mas não é uma condição suficiente. De modo geral, *O otimista racional* omite esse fato, cedendo, de vez em quando, ao tipo de determinismo tecnológico grosseiro que faria estremecer qualquer marxista que se preze. A liberação sexual das mulheres, por exemplo, é atribuída diretamente às "máquinas elétricas que economizaram mão de obra" (p.108). Somos advertidos de que a liberdade e o bem-estar humano andam de mãos dadas com o comércio e a prosperidade. O fato de que o comércio e a prosperidade também caminharam de mãos dadas com a escravidão, as fábricas clandestinas, o despotismo político e o genocídio colonial é prudentemente deixado de lado.

Ainda assim, Marx concordaria que a modernidade tem sido uma emocionante história de progresso, prosperidade e emancipação. O mito do nobre selvagem, que Ridley corretamente despreza, também ganhou seu desprezo. A única coisa infalível a respeito da chamada sociedade orgânica, como Raymond Williams observou certa vez, é que ela existe sempre no passado.[17] A visão de Marx, porém, é um pouco mais nuançada que a de Ridley. Enquanto Ridley vê a

---

17 Para o tratamento que Williams dá ao tema, ver, de sua autoria, *The Country and the City*, cap.2.

era moderna como uma história exuberante de sucesso manchada por alguns bolsões residuais de pobreza, Marx não apenas a considera uma história simultânea de triunfo e de horror, mas que essas duas narrativas estão firmemente entrelaçadas. Segundo ele, as mesmas forças que promovem a liberdade e a riqueza também destroem as capacidades humanas, geram desigualdade e pobreza e têm uma influência despótica na vida das pessoas. Não pode haver civilização sem barbárie, catedrais ou corporações sem trabalho árduo e medo da penúria. O problema da humanidade não é simplesmente falta de poder ou de recursos, mas as próprias aptidões que ela desenvolveu de maneira tão magnífica. É a húbris que a ameaça, não apenas o atraso. Se a história é um registro do progresso humano, ela também é um pesadelo que aflige a mente dos vivos.

Se Marx é um Pangloss, então ele também é um Jeremias. Por outro lado, a visão de Ridley é ao mesmo tempo mais inocente e mais simplista. Existe uma veia de ingenuidade embaraçosa dentro da sua sofisticação. Enquanto Marx vê um potencial emancipador nos mercados, no valor de troca e na circulação global de mercadorias, Ridley, para quem esse fato certamente causaria surpresa, tende a não ver nada além disso. Sejam quais forem as concessões que ele possa fazer aos rostos enrugados das crianças de Darfur, seu ponto de vista é drasticamente unilateral. Um apologista criterioso das forças de mercado destacaria seu papel na rápida acumulação de riqueza, bem como no avanço geral da civilização mundial, ao mesmo tempo que reconheceria que isso implicou não apenas a pobreza e a desigualdade, mas uma racionalidade instrumental grosseira, uma ganância implacável, a instabilidade econômica, o individualismo egoísta, as aventuras militares destrutivas, o enfraquecimento dos vínculos sociais e cívicos, a banalidade cultural generalizada e a eliminação ignorante do passado. Esse apologista poderia admitir todos ou alguns desses pontos, ao mesmo tempo que insistiria que o capitalismo supera qualquer outro sistema econômico em eficiência e produtividade; que o socialismo se mostrou um desastre na prática;

e que alguns dos aspectos mais nefastos do atual sistema poderiam ser regulados ou reformados.

Ridley, porém, exibe um silêncio complacente a respeito de quase todos esses aspectos intragáveis do sistema que ele defende, sobretudo a respeito da guerra imperialista a que este normalmente dá origem. Para ele, essas são as ressalvas antipáticas daqueles para os quais a modernidade significa simplesmente decadência. No entanto, esses também são os pontos de vista de Marx e de seus seguidores, todos eles defensores da tecnologia e entusiastas do progresso humano. *O manifesto comunista* rivaliza com *O otimista racional* na admiração pelos mercados livre, pela inovação capitalista e pela economia globalizada. Só que ele também avalia os custos abomináveis dessas vantagens, algo que Ridley, supostamente baseado na realidade, não faz.

Ridley considera que seu próprio otimismo é racional porque está enraizado na realidade. No entanto, longe de ser um juiz imparcial, ele é um ideólogo aguerrido que filtra os fatos para ficar apenas com aqueles que terão mais probabilidade de reforçar seu argumento. Um desses exemplos é o tratamento espantosamente indiferente que ele dá ao perigo da guerra nuclear, no qual o livro gasta nada mais que um parágrafo inteiro. Ridley admite que as armas nucleares representaram uma ameaça genuína durante a Guerra Fria, e os riscos de um conflito nuclear estão longe de terem desaparecido; mas um grande número desses armamentos foi desativado, e a impressão geral que o livro transmite é que podemos nos dar ao luxo de parar de nos preocupar. Os mísseis nucleares se pareceriam tanto com as lembranças da Guerra Fria como Doris Day ou a calça *cigarrete*. Isso é euforia de bêbado com sede de vingança. Não é preciso dizer que o inconveniente que essas armas apresentam para os progressistas é que a humanidade só pode seguir em frente se ainda estiver presente no planeta para fazê-lo. A não existência da espécie representa um problema ainda mais grave para a marcha do progresso do que aqueles que passam o tempo livre fantasiados de dândis da Regência. Por termos sempre tido o poder de nos matar individualmente, agora chegamos, com admirável engenhosidade tecnológica, ao ponto de ser capazes de alcançar esse objetivo coletivamente. O suicídio, por assim dizer, foi socializado, transformado em propriedade pública. Como observa o autor polonês Stanislaw Lec, "seria engraçado se eles não acabassem destruindo o mundo antes do fim do mundo".[18] Não existe uma demonstração mais exuberante do poder soberano de alguém que a capacidade de destruir a si mesmo. O suicida, observa um personagem de um romance de Dostoiévski, se torna por um breve instante um deus, capaz de dispor da própria vida com onipotência divina.

Os seres humanos sempre viveram com medo de um apocalipse terrível; o que eles não conseguiam levar em conta até recentemente era a possibilidade de que eles próprios pudessem ser os autores dessa catástrofe universal. Ridley, porém, permanece impassível diante da perspectiva de que a espécie feche as cortinas sobre o seu próprio espetáculo desagradável. O que ele faz é listar uma série de ameaças graves à humanidade (fome, epidemias, desastre ambiental etc.) só para ressaltar, com um toque de satisfação, que elas ainda não aconteceram, ou que seu risco diminuiu sensivelmente. É mais ou menos como se gabar, em 1913, que nunca houve uma guerra mundial, ou que uma epidemia viral catastrófica estava fora de questão. Pode-se chamar esse otimismo de tudo, mas "racional" é certamente um termo inadequado. Ridley ainda não morreu, mas seria imprudente de sua parte tirar uma conclusão animadora demais do fato.

O otimista racional tem razão em celebrar as virtudes do escambo, do comércio, da permuta, da tecnologia, da divisão do trabalho, da criatividade compartilhada e da troca de ideias brilhantes. Foi através dessas atividades que a humanidade se tornou uma espécie realmente universal. Para Marx, também, um autor que está sempre pronto a dar a César o que é de César, essas características da história humana representam um verdadeiro salto quântico para fora da

---

18 Citado por Pieper, *Hope and History*, p.75.

pobreza e do provincianismo. Só que ele também está alerta aos efeitos destrutivos dessa interconectividade global, algo que a implacável visão estreita de Ridley não está. O fato de Ridley não conseguir perceber esses efeitos causa uma certa surpresa, considerando que outrora ele foi presidente não executivo do Northern Rock, o banco no vórtice do colapso financeiro britânico de 2008. Na verdade, a esse respeito, a prova da sua convicção inabalável é que ele cita, com admiração, um economista que sustenta que "as sociedades que utilizam amplamente os mercados desenvolvem uma cultura de cooperação, equidade e respeito pelo indivíduo" (p.86). Quando se trata de acreditar na mão invisível do mercado, Ridley faz Adam Smith parecer Josef Stálin. Atos individuais de egoísmo, por mais sórdidos que sejam, sempre se transformam em realizações abrangentes. Aparentemente imperturbável diante da série de revelações de fraude, ganância, mentira deslavada e conduta profissional criminosa, ele ainda é capaz de nos assegurar que, "quanto mais as pessoas estão mergulhadas na mente coletiva do universo comercial moderno, mais generosas elas são" (p.86). Ele nos garante que o mercado "nos dá motivo para ser otimistas a respeito do futuro da espécie humana" (p.10), considerando que ele "consegue transformar muitas motivações individualmente egoístas num resultado coletivamente benéfico" (p.105). O fato de que ele também pode gerar consequências desastrosas é discretamente omitido, apesar de Ridley estar intimamente familiarizado com esse fenômeno. O número enorme de homens e mulheres que tiveram as casas e as economias roubadas por banqueiros trapaceiros e que depois foram obrigados a pagar a conta da ganância deles certamente permite questionar tais afirmações. Escrevendo num momento em que muitos dos cidadãos do mundo veem os banqueiros com uma repugnância que só é ligeiramente menor que a dedicada aos pedófilos ou às lulas gigantes, Ridley nos informa que a confiança no sistema financeiro capitalista de fato aumentou.

A escravidão e o trabalho infantil, Ridley ressalta com orgulho, foram proibidos no século XIX, embora ele deixe de acrescentar que quase toda medida justa desse tipo foi obtida a despeito da resistência feroz do próprio sistema que ele aplaude. O racismo, o sexismo e o abuso infantil, ele argumenta, hoje se tornaram inaceitáveis. O fato de ainda serem encontrados para onde quer que nos voltemos parece, comparativamente, um detalhe secundário. Sua fé no progresso é tão inabalável que ele até está disposto a contemplar com certa tranquilidade o colapso de grande parte do globo. Mesmo se a Europa, os Estados Unidos e o mundo islâmico afundassem, ele insiste que a China certamente manteria a tocha do progresso acesa. Em outras palavras, o futuro róseo da espécie está nas mãos de um Estado violentamente autocrático.

Ridley pode não ser imparcial, mas ele certamente se contradiz. Ele elogia o capitalismo, mas reveste o termo com citações assustadoras e sugere que ele está prestes a desaparecer. Ele quer dizer com isso que a versão vitoriana deu lugar à versão pós-industrial, mas serve melhor aos seus propósitos pôr em dúvida a própria existência do sistema. De maneira um pouco surpreendente, admite que o mundo vai terminar em tragédia se continuarmos nessa toada, ao mesmo tempo que se apega obstinadamente à ideia de um futuro radiante. Reconhece que "o tipo errado de chefe, de sacerdote e de ladrão poderia, no entanto, eliminar a prosperidade futura da Terra" (p.358), apesar de insistir em outro lugar que eles não o farão. Com uma determinação micawberesca,* Ridley tem a crença inabalável de que algo sempre vai acontecer.[19] Assegura que haverá uma retomada do crescimento – embora advirta que esta poderia ser impedida pelo tipo errado de política; então, na verdade, pode ser que o crescimento não aconteça. Não é preciso dizer que, assim como nós, Ridley não faz a menor ideia se acabaremos voltando à condição de caçadores e coletores. Em vez

---

* De quem vive à toa e confia na sorte. Referência a Micawber, personagem de *David Copperfield*, de Charles Dickens. (N. T.)

19 Clark escreve a respeito do "interminável micawberismo político e econômico" do pensamento progressista em "For a Left with No Future", op. cit., p.72.

disso, ele simplesmente admite sua fé no espírito de inovação. Com sua reverência vitoriana pelo talento dos inventores e empresários, desconsidera o fato de que a inovação é simplesmente um dos fatores de um sistema econômico complexo, e de modo algum o fator decisivo. Como acontece com a maioria das categorias do progressismo ingênuo, a mudança, o crescimento e a inovação são considerados intrinsecamente benéficos. No entanto, Hiroshima foi uma novidade, as armas químicas são uma inovação criativa e métodos de tortura e vigilância têm sido cada vez mais aperfeiçoados. Samuel Johnson considerava toda mudança um grande mal, o que não quer dizer que ele não reconhecesse sua necessidade.

Ridley se declara desconfiado dos mercados de capitais e de ativos, ao contrário dos de bens e de serviços, enquanto defende veementemente uma economia na qual os primeiros são indispensáveis. Admite que os mercados de ativos "tendem a formar bolhas e a despencar de maneira tão automática que é difícil projetá-los para que funcionem" (p.9), uma admissão danosa para um escritor para quem as forças de mercado pareciam tão sacrossantas como as cenouras orgânicas para o príncipe Charles. Ridley é um adepto fervoroso do funcionamento intrinsecamente benéfico do mercado, enquanto exige, ao mesmo tempo, a sua regulação. Insistindo que não tem nenhuma simpatia pelas grandes corporações, ele imediatamente começa a elogiar suas qualidades. O Walmart pode esmagar os sindicatos e arruinar as pequenas empresas, mas com isso permite que seus clientes desfrutem de produtos mais baratos. No mundo social-darwinista de Ridley, isso pareceria suficiente para tornar essas práticas aceitáveis. Ele admite, a certa altura, que "o terrorismo nuclear, o aumento do nível dos mares e a pandemia de gripe ainda podem transformar o mundo do século XXI num lugar pavoroso", enquanto nos assegura na penúltima frase que "o século XXI será uma época magnífica para estar vivo" (p.28 e 359). A contradição só pode ser resolvida supondo que ele considera que ser simultaneamente afogado, feito em pedaços e infectado com uma doença grave é uma experiência agradável.

Ridley admite que certas regiões do mundo podem ser abaladas pela instauração da anarquia ou do autoritarismo, e uma depressão econômica suficientemente profunda pode muito bem desencadear uma guerra em larga escala. Mesmo assim, "desde que alguém, em algum lugar, seja incentivado a inventar formas de atender melhor às necessidades dos outros, então o otimista racional deve concluir que o aperfeiçoamento das vidas humanas finalmente será retomado" (p.32). Mas e se a guerra em questão for uma guerra nuclear global? E quanto tempo é "finalmente"? Konrad Lorenz termina seu estudo *A agressão* com a afirmação de que a única esperança de uma humanidade não violenta é uma futura mutação genética que transforme todos em criaturas mutuamente carinhosas. Não é certo, porém, que podemos esperar tanto tempo. Quanta miséria humana transicional Ridley está disposto a tolerar sem deixar de ser ingênuo? E se as inovações se mostrarem inúteis? O capitalismo, como o livro visivelmente deixa de ressaltar, tanto pode impedir como promover o pensamento criativo. A verdade que os guardiões da alegria não conseguem suportar é que, enquanto há contingência, a possibilidade de fracasso sempre existe. E, na verdade, a possibilidade de progressos extraordinários também.

Aliás, é significativo que Ridley não seja capaz de reconhecer a miséria moral de uma ordem social na qual os indivíduos serão úteis aos outros só se forem "incentivados", provavelmente por uma gorda recompensa financeira. O fato de ativistas contrários às grandes corporações confiarem em "leviatãs" como o Serviço Nacional de Saúde[*] enquanto "desconfiam dos gigantes que têm de suplicar pelo seu negócio" (p.111) o deixa confuso. Não ocorreria a um homem para quem o capitalismo é tão natural como a luz do luar que alguém pudesse considerar que empresas sem fins lucrativos sejam moralmente superiores àquelas que vão suturar as suas feridas ou ensinar

---

[*] National Health Service, instituição estatal britânica responsável por cuidar da saúde da população. (N. T.)

aritmética para os seus filhos somente se você sacudir um cartão de crédito debaixo do nariz delas. Ridley descreve as corporações capitalistas como "reuniões temporárias de pessoas para ajudá-las a realizar sua produção de uma forma que ajude os outros a consumir" (p.67), como se a Microsoft e a Coca-Cola fossem instituições de caridade que, por sua dedicação abnegada ao bem-estar da humanidade, devessem ser classificadas ao lado dos Samaritanos* e da União dos Escoteiros. "Ajudando os outros a consumir" é um eufemismo fantástico para descrever a Exxon ou a Microsoft. É como se considerássemos o ladrão que nos rouba o carro como alguém que nos ajuda a emagrecer porque nos obriga a caminhar.

Apesar dos floreios delirantes, a visão alegre de Ridley é estranhamente contida. Ele admite, por exemplo, que os trabalhadores dos moinhos e das fábricas no início da Inglaterra industrial "cumpriam um número desumano de horas desde a mais tenra idade em condições de grande perigo, barulho e sujeira, voltando para casas lotadas e insalubres através de ruas poluídas, e a segurança no trabalho, a alimentação, a assistência médica e a educação eram péssimas" (p.219). Não obstante, sustenta, eles se saíram melhor que seus ancestrais lavradores. As condições de um pobre urbano de 1850 eram pavorosas, mas a vida de um pobre rural em 1700 era ainda pior. Isso é progresso. Ridley alega que só morreram 100 milhões de pessoas nos conflitos militares durante o século XX, um número muito menor que os mortos nas guerras das sociedades de caçadores e coletores. Isso é mais ou menos como alegar que a amputação de dois membros é extremamente mais vantajosa que a amputação de quatro. Steven Pinker adota uma tática semelhante em *Os anjos bons da nossa natureza*, observando que os 55 milhões de mortos da

---

* Samaritans (em inglês) é uma instituição de caridade que oferece apoio emocional a quem estiver enfrentando problemas emocionais, tentando lidar com o suicídio ou pensando em se suicidar em todo o Reino Unido e Irlanda, geralmente através de uma linha telefônica de ajuda. (N. T.)

Segunda Guerra Mundial, considerados proporcionalmente à população mundial da época, entram raspando na lista das dez principais catástrofes de todos os tempos. É difícil imaginar uma notícia mais reconfortante. Na mesma linha, Pinker minimiza drasticamente os perigos da mudança climática, um tema que ocupa, extraordinariamente, não mais que uma página do seu relato medíocre. Ele ainda tem a ousadia de observar que a passagem do medo de uma guerra nuclear, que, de forma irresponsável, ele imagina ter diminuído, para a perspectiva de "prejuízo aos ecossistemas, inundações, tempestades arrasadoras, aumento da seca e derretimento do gelo polar" representa "uma espécie de progresso".[20]

"Eles mataram, escravizaram e extorquiram", observa Ridley a respeito do início da humanidade, e esse problema "continuou sem solução" durante milênios (p.351). Se isso é uma insinuação de que a humanidade encontrou uma solução para sua própria belicosidade, então Ridley certamente deveria compartilhar essa descoberta com seus leitores. "A violência", ele observa a respeito dessa época, "era uma ameaça crônica e sempre presente", como se esses conflitos fossem uma coisa do passado como o pterodátilo. Somos informados de que, nos primórdios da espécie, "algumas pessoas conseguiram que outras trabalhassem para elas, e o resultado foram pirâmides e ócio para poucos, trabalho penoso e exaustão para muitos" (p.214). Tudo isso, porém, seria modificado com o avanço da tecnologia, como se a prática de poucos contratarem a força de trabalho de muitos tivesse desaparecido com os faraós. A verdade é que o desenvolvimento das forças produtivas de modo algum produziria o ócio para as massas. Pelo contrário: apesar de todo o empolgante progresso tecnológico, os homens e as mulheres contemporâneos trabalham mais que seus ancestrais do Neolítico. São as relações sociais sob as quais eles trabalham – relações que o tecnológico Ridley deixa tranquilamente de lado – que exigem que eles o façam.

---

20 Pinker, *The Better Angels of our Nature*, p.250.

Existe outro aspecto no qual Ridley está longe de ser o otimista que aparenta ser. Sua serenidade decorre da fé em que os problemas que atormentaram a humanidade até o momento estão em vias de serem solucionados. Mas isso seria admitir que a história humana até agora foi realmente terrível. Se não tivesse sido assim, não seria preciso inflamar as tropas com tanta veemência. E o que aconteceu até o momento supera em muito, tanto na essência como na duração, os avanços mais recentes que Ridley faz questão de comemorar. Portanto, em termos globais, a história da nossa espécie não é de modo algum auspiciosa. É verdade que podemos descobrir a cura do câncer, mas isso não serve de consolo aos milhões que sucumbiram à sua devastação no passado. As crianças africanas poderão estar rechonchudas dentro de algumas décadas, mas isso não é capaz de desfazer o destino dos milhões que já se foram. Quanto um futuro róseo teria de durar para redimir um passado como esse? Será que ele conseguiria fazê-lo um dia? Mesmo o cristianismo, que contempla um futuro estado no qual as lágrimas dos aflitos serão enxugadas de seus olhos e os corpos dos enfermos serão curados, não pode apagar a doença e a desesperança do registro histórico. Nem mesmo Deus pode desfazer o que já aconteceu. Fora da perspectiva cristã, os mortos não têm esperança. Não podemos compensá-los pelos crimes dos nossos antepassados. Eles estão tão distantes da nossa influência quanto o futuro remoto. Vale ressaltar, aliás, que as próprias observações de Ridley a respeito do cristianismo revelam o analfabetismo teológico que passamos a esperar dos liberais seculares dessa laia. Ele imagina, por exemplo, que os cristãos defendem que o corpo é um mero recipiente da alma, uma visão que tem tanto em comum com o Novo Testamento como com o nacionalismo da Cornualha.

Se o passado não pode ser simplesmente deletado, como Ridley parecia defender, é sobretudo porque ele é um componente vital do presente. Na verdade, podemos avançar além dele, mas somente através das habilidades que ele nos legou. Os hábitos criados por gerações de supremacia e subserviência, arrogância e inércia não serão esquecidos de uma hora para outra. Em vez disso, eles constituem um legado ibsenesco de culpa e pecado que contamina as raízes da criatividade humana, infiltrando-se nos ossos e na corrente sanguínea da história contemporânea e se entrelaçando com nossos impulsos mais refinados e emancipatórios. Ridley, por outro lado, é vítima de uma distinção cruelmente progressista entre um passado incivilizado e um futuro mais luminoso. Ele é incapaz de perceber não apenas o quão prejudicialmente o passado está entrelaçado com o presente, mas também como ele pode nos oferecer recursos preciosos em prol de um futuro mais promissor. Uma civilização que só dispõe da sua experiência contemporânea para viver é realmente pobre. Se modernizadores liberais como Ridley deveriam estar nervosos com o passado, não é apenas porque a maior parte dele ameaça abalar seu otimismo. É também porque ele contém legados que podem causar uma transformação do presente muito mais profunda do que eles próprios permitiriam.

Ridley está convencido de que o único fator imutável na história é a natureza humana. No entanto, a natureza humana, a julgar pela narrativa feita até o presente, dificilmente oferece motivo para animação. Seu conservadorismo, portanto, está em contradição com seu progressismo. Ele também é incoerente em relação ao problema, já que, ao lado da crença na imutabilidade da natureza humana, apregoa uma versão meio vulgar do chamado humanismo comercial, segundo a qual o crescimento do comércio anda de mãos dadas com a expansão generalizada da civilidade. Resumindo: quanto mais negociamos, mais amáveis nos tornamos. Em última análise, tudo que Ridley pode fazer é confiar que um único aspecto da natureza humana – nossa capacidade de pensar em novas ideias inteligentes – superará nossa predileção pela crueldade, pelo egoísmo, pela exploração e por coisas similares. Não parece uma aposta plausível.

Ridley acredita no Progresso, não apenas no progresso. Nesse sentido, ele está mais próximo de Hegel e de Herbert Spencer do que do diretor-executivo médio. Uma visão que outrora se considerou soterrada nas ruínas dos campos de batalha da Primeira Guerra Mundial voltou à baila nas primeiras décadas do novo milênio. *O otimista racional* desenvolve uma grande narrativa que se estende da origem da espécie até um futuro triunfante, não apenas um conjunto modesto de reflexões sobre a glória de estar vivo no século XXI. A humanidade desenvolveu uma inteligência coletiva que lhe permite trocar ideias e, portanto, melhorar sua condição. O fato de essa colaboração também ter dado origem à tortura e à guerra é discretamente omitido. O livro também não percebe que a inteligência coletiva, mais ou menos como a fé de Marx no desenvolvimento das forças produtivas, é um conceito muito genérico para servir de medida do progresso humano. Impassível diante da imprecisão da ideia, Ridley fala do progresso como se ele fosse "uma tendência inexorável na vida pessoal de homens e mulheres" (p.350). Em suma, ele é um determinista tão radical como os positivistas e historicistas de uma época que, segundo ele, deixamos para trás.

Nesse aspecto, pelo menos, ele é um vanguardista completamente retrógrado. O progresso pareceria tão irresistível quanto a artrite. Somos impotentes diante do seu avanço como um gambá diante de um buldôzer. Quando se trata do indivíduo, Ridley é um liberal de classe média docilmente convencional, para quem, aparentemente, não existe maior satisfação que poder fazer suas próprias escolhas a respeito de "onde morar, com quem se casar, como expressar a sua sexualidade etc." (p.27). A monumental história da humanidade, que se estende pelas vastas regiões do espaço e por incontáveis períodos de tempo, se resume ao tipo de coisa que desperta interesse em Hampstead e no norte de Oxford. No entanto, a liberdade que ele avalia de maneira tão favorável no nível pessoal parece evaporar no nível social. A inteligência coletiva que conduz impiedosamente a história humana parece tão resistente ao desafio quanto o tirano mais arrogante. Do mesmo modo, não se pode zombar da mão invisível do mercado, mais ou menos como não se pode desafiar a Providência.

Portanto, por baixo de seu espírito jovial Ridley é um pouco fatalista. Ele escreve, por exemplo, que "a diferença de renda é uma consequência inevitável de uma economia em expansão" (p.19). Mas por que esse provedor de felicidade futura é um profeta tão agourento? Ele é incapaz de conceber uma forma de existência social em que isso não seja verdade? Por que ele é tão obstinadamente avesso à inovação conceitual? O que aconteceu com a imaginação criativa que ele alega admirar? Nossa tão elogiada esperteza é incapaz de construir um sistema social no qual a expansão econômica não gere espontaneamente graves desigualdades? As próprias ideias de Ridley estão limitadas pela lógica imutável do presente – ou seja, futuro autêntico, nem pensar.

Existem polianas tanto de esquerda como liberais. Nas páginas finais de *Literatura e revolução*, Leon Trótski resume sua visão do futuro comunista:

> O homem, que aprenderá a construir palácios do povo nos picos do Monte Branco e no leito do Atlântico, não somente será capaz de acrescentar riqueza, brilho e intensidade à sua vida, mas também um caráter dinâmico do mais alto grau... Ele tomará a si a tarefa de alcançar a beleza conferindo ao movimento dos seus membros o máximo de precisão, objetividade e moderação no trabalho, nas caminhadas e nos folguedos. Primeiro ele procurará controlar os processos semiconscientes e depois os inconscientes em seus próprios órgãos, como a respiração, a circulação do sangue, a digestão, a reprodução e, dentro dos limites inevitáveis, procurará subordiná-los ao controle da razão e da vontade... O homem emancipado desejará atingir um equilíbrio maior no funcionamento dos seus órgãos e um desenvolvimento e desgaste mais adequados dos seus tecidos, para reduzir o medo da morte a uma reação racional do organismo diante do perigo...
>
> O homem terá como objetivo controlar seus próprios sentimentos, elevar seus instintos ao nível da consciência, torná-los transparentes, estender as redes da sua vontade até os recantos ocultos e, assim, elevar-se a um novo plano, criar um tipo biológico social mais elevado, ou, se me permitirem, um super-homem... O homem se tornará infinitamente

mais forte, mais inteligente e mais perspicaz; seu corpo se tornará mais harmônico, seus movimentos, mais ritmados, e sua voz, mais musical. As formas de vida se tornarão dinamicamente impressionantes. O ser humano médio se elevará ao nível de um Aristóteles, um Goethe ou um Marx. E acima desse cume novos picos surgirão.[21]

Esse talvez não seja um retrato preciso da Rússia stalinista. Os escriturários do banco soviético não conseguiam correr atrás do ônibus como dançarinos de balé e poucos lojistas aprenderam a controlar a circulação do seu sangue, enquanto as vozes que berravam ordens nos campos de trabalho nem sempre eram melodiosas. O inabalável otimista Trótski faz *O eterno otimista* parecer o Livro de Jó.

Não se deve relacionar sempre a esperança à doutrina do progresso. Na verdade, o judeo-cristianismo é uma crença que rompe o vínculo entre elas. Realmente é possível haver progresso na história de vez em quando, mas isso não deve ser confundido com redenção. Não é como se a história como um todo se aproximasse aos poucos do Todo-poderoso, escalando um pico depois do outro até deslizar para um final glorioso. Para o Novo Testamento, o *eschaton*, ou futuro reino de Deus, não deve ser confundido com a consumação da história como um todo, e, portanto, com a conclusão triunfal de uma caminhada sempre para o alto, mas como um acontecimento que interrompe violentamente e de modo imprevisível a narrativa humana, derrubando sua lógica, desafiando suas prioridades e desmascarando sua sabedoria como insensatez. O Messias não soa a nota mais alta da melodia da história, ele a interrompe bruscamente. Considerando que o fato mais notoriamente óbvio a respeito do Messias é que ele não vem, cabe a cada geração exercer uma pequena porção do seu poder em nome dos oprimidos, conduzindo os pobres ao poder na esperança de apressar o advento dele. Nesse sentido, a ausência do

---

21 Trótski, *Literature and Revolution*, p.254-6.

Messias não é incerta, mas definitiva: ela abre um espaço no qual a tarefa de resgatar a história é colocada nas mãos da humanidade. Se a inversão revolucionária prometida pelas escrituras hebraicas pudesse ser realizada em nosso próprio tempo, satisfazendo os pobres com coisas boas e despachando os ricos com as mãos vazias, a história chegaria abruptamente ao fim.

Porém, a relação entre a história e o *eschaton* não é simplesmente disjuntiva. Existe, de fato, um grau de continuidade entre elas, mas não é na forma de uma teleologia majestosa. Ao irromper apocalipticamente no tempo histórico, o reino de Deus põe em prática um padrão de momentos transformadores imanentes dentro dele, uma narrativa fraturada da justiça e da camaradagem que vai na contramão do que se poderia chamar de seu enredo principal. Desse ponto de vista, é como se houvesse um padrão codificado de esperança entremeado no tecido da história, um subtexto cujas letras estão espalhadas por toda a sua textura e que só serão reunidas numa narrativa plenamente legível no dia do Juízo Final. Só então, revendo o curso da história secular, ficará visível o pacto secreto entre esta e aquela revolta em prol da justiça, e todos esses acontecimentos se revelarão como aspectos de um único projeto redentor.

É a esse enredo secundário, ou constelação de momentos dispersos, embora associados, que Walter Benjamin, em *Teses sobre a filosofia da história*, dá o nome de tradição. Segundo ele, a tarefa do historiador é antecipar o olhar para o passado do Dia do Juízo criando afinidades aqui e agora entre os *disjecta membra** dessa história secreta.[22] Ao fazê-lo, ele paralisa momentaneamente o tempo, prefigurando,

---

* Em latim no original. Essa expressão significa "membros despedaçados" e costuma se referir aos fragmentos de uma obra literária que não esteja organizada coerentemente. (N. T.)

22 Ver Benjamin, "Theses on the Philosophy of History", em Arendt (org.), *Illuminations*. Peter Szondi vê uma preocupação com "os momentos da infância que escondem um indício do futuro" como uma característica do método de Benjamin em sua autobiografia *A Berlin Childhood*. Ver Szondi, *On Textual Understanding*, p.154.

assim, seu final apocalíptico. O tempo messiânico, como sustenta Giorgio Agamben, não é uma dimensão alternativa ao tempo *chronos* comum, mas o tempo que esse tempo leva para se envolver consigo mesmo, uma espécie de deslocamento ou desorientação interna no qual ele é contraído, consumado e recapitulado, preso entre o agora e o porvir.[23] Existe uma relação entre essa visão e aquilo que Alain Badiou chama de "a rede rara e ao mesmo tempo preciosa da sequência efêmera da política como verdade".[24]

Se a tarefa do historiador revolucionário é premente é porque a história que ele procura resgatar corre continuamente o risco de perecer. O destino dos destituídos é desaparecer. Eles são homens e mulheres que não têm linhagem nem descendência, criaturas estéreis que, portanto, exigem um tipo diferente de memorial. Eles representam o que Antoine Compagnon chama de "história daquilo que não tem descendentes... a história dos fracassos na história"[25] – das lutas ignoradas pela justiça que se dissolveram sem deixar traço atrás de si nos anais da história oficial, desacreditando, com isso, a própria noção de herança, direito e sucessão linear, mas cuja força misteriosa o cronista dos oprimidos precisa tentar salvar. Ele precisa recuperá-los do esquecimento que ameaça continuamente engoli-los, guardando-os para o Dia do Juízo ao libertá-los da narrativa condenada da qual eles fazem parte. Estamos aqui para criar problemas em nome daqueles que não podem mais criar problemas, ou seja, os mortos.

Para Benjamin, agir assim é ignorar o tempo, cortando na diagonal sua evolução estéril ao pôr um momento de emergência histórica em relação direta com a vinda do Messias. Dessa forma, o memorialista pode absolver os condenados da Terra, ao menos na memória, das derrotas que eles sofreram em sua época, levando-os a se portar como uma força redentora no presente político. Como

---

23 Ver Agamben, *The Time that Remains: A Commentary on the Letter to the Romans*, cap.2.
24 Alain Badiou, em Douzinas; Žižek (orgs.), *The Idea of Communism*, p.10.
25 Compagnon, *The Five Paradoxes of Modernity*, p.44-5.

escreve Max Horkheimer: "É doloroso ser mal compreendido e morrer no esquecimento. A pesquisa histórica tem a honra de lançar luz nesse esquecimento".[26] Ele está pensando na historiografia como a crônica dos derrotados, não como uma saga contada do ponto de vista de César. Entre aqueles que precisam ser lembrados está o próprio Benjamin. Como uma vítima do fascismo, ele parece ter considerado que a sua própria situação era irrecuperável no presente. "Pedimos àqueles que virão depois de nós", ele escreve, "não gratidão por nossas vitórias, mas a lembrança das nossas derrotas. Esse é um consolo – o único consolo que se permite àqueles que não têm mais nenhuma esperança de ser consolados".[27]

Aos olhos de Benjamin, existe realmente uma história universal, mas ela não constitui uma grande narrativa no sentido habitual do termo. Ela é, antes, a realidade persistente do sofrimento, que compartilha a forma universal de um *grand récit* enquanto carece do seu impulso teleológico. Não existe significado nessa aflição, e, portanto, nenhum sentido na história. Consequentemente, Benjamin reformula a visão basicamente cômica da história de Hegel e Marx em termos trágicos e messiânicos. Se ele pode falar da história como um todo é porque o estado de emergência no qual escreveu suas reflexões sobre esses assuntos, um momento de extremo perigo logo antes de ele se suicidar fugindo dos nazistas, compôs uma imagem dialética na qual a história enquanto tal podia ser condensada e resumida de maneira surreal, e vista, através das lentes da sua própria crise pessoal e política, como um estado de emergência permanente.

Mesmo assim, Benjamin considera a natureza evanescente da história como uma negação irônica da esperança, já que a sua própria característica fugaz alude, por meio da negação, ao advento do Messias. A dissolução de cada instante do tempo secular é um sinal da passagem da história enquanto tal em relação àquela intervenção

---

26 Citado por Löwy, *Fire Alarm: Walter Benjamin's "On the Concept of History"*, p.32.
27 Citado em ibid., p.84.

significativa. (Pode-se acrescentar que, para o cristianismo, o Messias já veio – mas na forma de um criminoso político torturado e executado, e, portanto, com uma aparência tão obscenamente irreconhecível a ponto de ser realmente invisível.) O que é mais valioso aos olhos de Benjamin na enorme montanha de escombros conhecida como história é a configuração secreta dos momentos, se destacando como uma constelação de estrelas no céu escuro, nos quais homens e mulheres procuraram, ao longo da história profana, apressar a vinda do Messias, lutando para concretizar a consumação dos tempos e se batendo, em sua própria época, pela justiça e pela solidariedade que ele finalmente lhes concederá. Esses momentos não devem ser considerados como fases de uma grande narrativa contínua; mas também não existem simplesmente como curiosidades, ou como uma série de *actes gratuits** glamourosamente existenciais. Em vez disso, são movimentos estratégicos na vinda do reino. Só que não o entregam como um trem de carga entrega seus produtos. A questão é como contemplar os resultados da ação sem fetichizar o futuro à maneira do progressismo burguês. Existe um modo de agir estrategicamente que não esteja ameaçado pela racionalidade instrumental à qual tentamos resistir?

Portanto, o que Benjamim busca é uma forma não progressista de esperança. Sua visão da história desconfia tanto do derrotismo como do triunfalismo. Ele está surpreendentemente próximo, em alguns aspectos, da visão de Friedrich Nietzsche, que também acreditava na necessidade de criar um futuro que pudesse compensar o horror do passado – um futuro que, um pouco como o Anjo da História de Benjamin, invadisse violentamente a falsa estabilidade do presente como um explosivo "aqui e agora". Nietzsche, porém, não pretende compensar os mortos por seu sofrimento nas mãos de seus exploradores, mas justificar toda essa saga infeliz. Se pudermos criar um futuro nobre do Übermensch, o passado pode então ser considerado retrospectivamente como um prólogo essencial dessa conquista.

---

* Em francês no original: gestos gratuitos. (N. T.)

Para Nietzsche, o futuro será cheio de triunfos, enquanto para Benjamin todos os tempos históricos são vazios quando comparados com a vinda do Messias. Curiosamente, porém, cada um deles também pode ser considerado cheio, já que qualquer um deles poderia constituir a passagem estreita através da qual o Salvador poderia entrar. Se cada instante do tempo está simplesmente vazio, ele não pode ser estimulado por uma expectativa ansiosa do Messias, cujo nome é esperança; no entanto, se ele está sobrecarregado, cheio a ponto de explodir, fervilhando com o peso de todos os momentos anteriores, ao estilo de um certo historicismo, ele não dispõe da provisionalidade necessária para estar aberto à sua chegada. Portanto, o tempo é serializado, mas não esvaziado de importância. Existe uma tensão entre antecipação e realização, entre o vazio do momento atual e a expectativa de que, a qualquer momento, ele seja preenchido completamente até a boca.

Para a ideologia do progresso, por outro lado, todos os momentos são desvalorizados pelo fato de que cada um deles não passa de um degrau para o seguinte, o presente sendo uma prancha que desembarca no futuro. Cada átimo de tempo é depreciado em relação a uma infinidade de átimos que ainda virão, como na visão de Immanuel Kant do progresso eterno. Foi essa perspectiva, que priva a história humana de seu caráter catastrófico, que Benjamin recusou por ser moralmente complacente e politicamente insensível. Ela não conseguiu perceber que não são os sonhos de que seus netos sejam livres que estimulam os homens e as mulheres a se revoltar, mas as lembranças de seus antepassados oprimidos. É o passado que nos fornece os recursos para ter esperança, e não simplesmente a possibilidade teórica de um futuro um pouco mais gratificante. É assim que Ernst Bloch, um amigo de Benjamin, pode falar do "futuro ainda não cumprido no passado".[28]

Na verdade, o passado, para Benjamin, é curiosamente mutável. O progressista considera que a história anterior está morta e acabada

---

28 Bloch, *The Principle of Hope*, v.1, p.200.

e que o futuro está aberto e indefinido. Ele talvez não seja inteiramente disforme, já que para os profetas da perfectibilidade o futuro está limitado pela lei do aperfeiçoamento contínuo. Nessa medida, ele está sujeito pelo menos a uma previsão cientificamente segura – que representará um avanço em relação ao presente. Ainda assim, ele parece evidentemente mais aberto que o passado. Segundo Benjamin, porém, o significado do passado está nas mãos do presente. A história passada é fluida, instável, em suspenso, seu sentido ainda precisa ser plenamente estabelecido. Somos nós que podemos dotá-la retrospectivamente de uma forma definitiva, não simplesmente decidindo interpretá-la de uma determinada maneira, mas em virtude das nossas ações. Cabe a nós determinar se, digamos, uma criança criada em Avignon no século XII pertencia a uma espécie cujo destino era se fazer em pedaços. Devemos nos esforçar, portanto, para manter o passado inacabado, recusando-nos a aceitar sua aparência de encerramento como a palavra final, abrindo-o novamente ao reescrever sua fatalidade aparente sob o signo da liberdade.

Como uma obra de arte, o significado do passado evolui com o passar do tempo. Para Benjamin, as obras de arte se assemelham a pavios que queimam lentamente e geram novos significados ao entrarem em novos contextos, contextos esses que não poderiam ter sido previstos no momento da sua criação. Verdades que ficaram escondidas nesses artefatos desde o início podem ser liberadas pela primeira vez por meio de uma combinação de circunstâncias em sua vida futura. Repito: o significado dos acontecimentos passados permanece, basicamente, sob a guarda do presente. Num lampejo dialético, um momento no presente descobre uma afinidade com um instante do passado, e, ao conferir àquele instante um novo significado, também consegue se perceber novamente, como uma realização potencial daquela promessa mais antiga.

Portanto, de modo um pouco obscuro, somos responsáveis pelo passado, assim como pelo presente e pelo futuro. Os mortos não podem ser ressuscitados; mas existe uma forma trágica de esperança por meio da qual eles podem ser revestidos de um novo significado, interpretados de outra maneira, entrelaçados numa narrativa que eles próprios não poderiam ter previsto, para que até o mais imperceptível deles seja, por assim dizer, mencionado em despachos no Dia do Juízo Final. Embora não haja uma continuidade real entre eles e nós, suas lutas pela emancipação podem ser incorporadas às nossas, para que, sejam quais forem os ganhos políticos que consigamos registrar em nossa própria época, eles possam ajudar a justificar seus próprios projetos malogrados. Benjamin acredita que, ao desafiar a autoridade dos nossos governantes, também ajudamos a minar a legitimidade de seus antecessores, e, nesse sentido, desferimos um golpe em nome daqueles que eles maltrataram. Para Benjamin, surpreendentemente, até mesmo a nostalgia pode ganhar uma inflexão vanguardista, um pouco como a compaixão e a melancolia se transformam, nas suas mãos, em armas na luta de classes. Raramente o sofrimento foi algo tão vigoroso. Michael Löwy menciona sua "profunda e inconsolável tristeza", uma tristeza que, não obstante, dirige seu olhar para o futuro.[29] Ele pretende promover uma versão revolucionária de uma saudade irresistível do passado – na qual, como no grande romance de Proust, acontecimentos do passado ganham sua expressão máxima sob o olhar retroativo do presente, e, por isso, parecem mais carregados de significado que da primeira vez. *Einmal ist keinmal*,* observa o romancista Milan Kundera. Para Benjamin, os acontecimentos sem vida futura têm um ar de fragilidade ontológica, e, sem os rituais de lembrança como a historiografia radical, estão sempre correndo o risco de desaparecer sem deixar vestígios no inconsciente político.

A era messiânica, portanto, está em contradição com a doutrina do progresso. Na verdade, ela não vê esperança na história secular enquanto tal. Deixada à própria sorte, essa história vai simplesmente gerar novas guerras, catástrofes e espetáculos de barbárie. Em suma:

---

29 Löwy, *Fire Alarm*, op. cit., p.65-6.
* Em alemão no original: "uma vez não conta, uma vez é nunca." (N. T.)

Benjamin associa rapidamente a crença na imanência histórica ao fatalismo e ao triunfalismo. Uma teologia mais ortodoxa que a sua defenderia que existem algumas capacidades humanas intrínsecas para a esperança, mas isso não garante que o amor e a justiça irão florescer neste lado da parúsia. Por outro lado, para o Anjo da História de Benjamin a questão é ter dado um fim definitivo à história. Voltando seu rosto aterrorizado para o enorme monte de lixo do passado, ele tenta parar o tempo para despertar os mortos e trazer a eternidade aqui e agora. Ao puxar o freio de emergência da história numa "interrupção dos acontecimentos", ele visa criar um espaço no qual o Messias possa entrar. O que se opõe às suas tentativas é a ideologia do progresso, que, ao confundir o infinito com o eterno, imagina que a redenção se encontra no fim da história e não no centro dela. Ela também pressupõe que a história profana pode proporcionar, por sua própria conta, a justiça de que carece a humanidade. Segundo Benjamin, a perspectiva kantiana do progresso infinito é um retrato do inferno, incluindo, como o faz, a repetição eterna da forma mercadoria. É essa doutrina ilusória que empurra implacavelmente o Anjo para trás na direção do futuro, incapaz de estancar o fluxo do tempo por um tempo suficiente para levar a cabo seu resgate audacioso. O mito do progresso também é a mentira de que a catástrofe do passado, para a qual o olhar aterrorizado do Anjo está voltado, é um prelúdio essencial de um futuro melhor. O Anjo sabe que tal teodiceia é uma ilusão, motivo pelo qual ele tenta produzir o paraíso aqui e agora, desconsiderando toda essa teleologia. Se existe de fato uma coisa chamada eternidade, ela deve estar situada no centro do tempo, não em seu término. No entanto, o Anjo não consegue resistir à força dessa ficção ideológica formidável, e é por isso que os mortos permanecem adormecidos e a longa catástrofe da história continua seguindo em frente.

O marxismo é um pouco menos ambíguo a respeito da ideia de progresso que o judeo-cristianismo. Parece que o próprio Marx acreditou, no geral, no desenvolvimento contínuo das forças produtivas, mas isso não acarreta, de maneira nenhuma, um aumento cumulativo do bem-estar humano, como acontece, em termos gerais, com a mente mecanicista de Ridley. Pelo contrário: como vimos, o florescimento do poder e da prosperidade humanos também implica a criação da pobreza, da desigualdade e da exploração. Marx pensa que, no fim, todos os homens e mulheres poderão partilhar a riqueza espiritual e material que o futuro herdará do passado. Nessa medida, a história humana tem um resultado cômico. No entanto, os mecanismos por meio dos quais essa riqueza é acumulada são os da sociedade de classes, e, portanto, a história de uma forma de exploração depois da outra. É isso que Marx tem em mente quando afirma que a história progride através de seu lado errado. Vista de um ângulo, a história representa um movimento para a frente e para cima, à medida que os seres humanos passam a ter necessidades e desejos mais complexos e desenvolvem novos poderes e habilidades, tudo como consequência do seu desenvolvimento material. Vista de outro ângulo, porém, trata-se de pular de uma forma de injustiça organizada para outra, de modo que a história também é trágica. A tragédia não implica necessariamente um destino terrível; ela pode simplesmente significar que é preciso ser arrastado através do inferno para alcançar um bem-estar mínimo. E este certamente pareceria ser o argumento em defesa do marxismo.

Existe um problema sério com esse argumento, independentemente de Marx por vezes ter menosprezado o fato de que as forças produtivas podem estagnar durante longos períodos. A teoria é uma espécie de teodiceia ou de justificativa do mal? Marx está afirmando que a injustiça agora é uma condição necessária da justiça depois? Ele acredita que o socialismo só é possível com base na expansão prévia das forças produtivas. Caso contrário, terminaremos com o que ele sarcasticamente chama de "escassez generalizada", como a história confirmaria na União Soviética e seus satélites. No entanto, o que expande as forças produtivas de forma mais eficaz é o capitalismo, e, aos olhos de Marx, o capitalismo é injusto. É por isso, então, que ele insiste que "o desenvolvimento das capacidades da *espécie humana* ocorre às custas da maioria dos indivíduos e até mesmo das classes".[30] Aparentemente, o bem no longo prazo implicaria a adversidade no curto prazo. A fartura que finalmente facilitará o império da liberdade é, ela mesma, fruto da falta de liberdade. E isso parece, de forma perturbadora, uma autêntica teodiceia, mesmo que se possam introduzir algumas ressalvas fundamentais. Por um lado, existe uma diferença entre fazer o mal na esperança de que o bem possa eventualmente resultar dele e procurar desviar um mal existente em benefício próprio. Por outro, não existe nenhuma indicação nos textos de Marx de que o advento do socialismo justificará retrospectivamente os crimes da sociedade de classes.

Mesmo se existem aqueles que têm a sorte de desembarcar no destino de uma sociedade justa, resta a questão daqueles que morreram nos túneis e pereceram nos desvios – aqueles que não foram conduzidos pela locomotiva da história a um terminal aprazível, mas cujos nomes foram riscados do registro histórico, e que passaram a vida realizando um trabalho tão estéril e exaustivo que se poderia realmente perguntar, num espírito schopenhaueriano, se não teria sido melhor que nunca tivessem nascido. Que dizer dos milhões e milhões que ficaram pelo caminho, frustrados e esquecidos? A "questão mais urgente da construção do socialismo", escreve Fredric Jameson, "continua sendo a do sacrifício individual das atuais gerações em benefício das gerações de um futuro que elas não verão".[31] "O que aconteceu com os seres humanos que caíram", observa Max Horkheimer, "nenhum futuro pode reparar... Em meio a essa enorme indiferença, só a consciência humana pode se tornar o lugar em que a injustiça sofrida pode ser abolida, o único instrumento que não cede a ela".[32] A recuperação dos mortos pela memória, porém, parece um substituto insatisfatório de alguns atos mais palpáveis de

---

30 Marx, *Theories of Surplus Value*, p.134, itálico no original.
31 Jameson, *Marxism and Form*, p.134.
32 Citado em Löwy, *Fire Alarm*, op. cit., p.31.

reparação. O que dizer também das tragédias obscuras e numerosas que nenhuma solução puramente política jamais poderia reparar? É impressionante como é pequeno o número de marxistas que parecem ter se perguntado se mesmo o futuro emancipado mais brilhante poderia compensar essa saga de sofrimento. E é especialmente nesse sentido que a teoria de Marx, contra a sua própria vontade, pode ser chamada corretamente de trágica.

Nem todos os críticos concordam. George Steiner, para quem qualquer fé exacerbada na humanidade equivale à ruína da tragédia, argumenta em *A morte da tragédia* que nem o marxismo nem o cristianismo podem ser classificados de credo trágico. "O mínimo contato de qualquer teologia que tem um Céu compensador a oferecer ao herói trágico é fatal", ele insiste.[33] No entanto, Steiner está pensando nas visões positivas de futuro dessas doutrinas, não no preço assustadoramente exorbitante que se tem de pagar por elas. A ressurreição não anula a veracidade da crucificação, nem o comunismo os horrores da sociedade de classes. Na verdade, podemos afirmar que parte do que desaparece quando a doutrina cristã da esperança se transforma na ideologia secular do progresso é justamente a sua dimensão trágica. Como Steiner, Avery Dulles sustenta que o cristianismo põe um fim à tragédia. "O cristão", ele escreve, "não precisa tremer de medo diante da perspectiva da pobreza, da desgraça, do cativeiro, da dor física, do fracasso visível e mesmo da morte. Nenhuma dessas eventualidades o abate, porque ele aprendeu que partilhar dos sofrimentos de Cristo é o jeito normal de se preparar para partilhar da sua glória".[34] Dulles parece ter se esquecido de que o próprio Jesus é retratado como alguém que está tremendo por causa da dor, do fracasso, do cativeiro, da desgraça e da morte no Getsêmani. Para que ele seja um mártir autêntico, os textos dos Evangelhos precisam demonstrar

---

33 Steiner, *The Death of Tragedy*, p.129.
34 Dulles, "An Apologetics of Hope", em Whelan (org.), *The God Experiment: Essays in Hope*, p.134.

que ele não deseja morrer. O mártir sacrifica uma vida que ele considera valiosa, não uma vida que ele considera inútil. Não existe mérito em aceitar um sacrifício que é visto como um mero trampolim para a felicidade celestial. Aqueles que não tremem por causa da dor ou da desgraça são estúpidos, não admiráveis, não importa o que Dulles possa piedosamente declarar. Além do mais, já que o Novo Testamento parece sugerir que a vinda do reino de Deus será anunciada por um caos apocalíptico, a sua esperança não é facilmente diferençável do medo e dos tremores. É uma característica curiosa do cristianismo que esse colapso espetacular faça parte de uma narrativa que é fundamentalmente cômica.

Vimos que para a fé cristã o reino futuro é imanente na história humana, embora, ao mesmo tempo, descontínuo em relação a ela. Se age furtivamente no presente como o fermento num pouco de massa, ele também espia os homens e as mulheres como um ladrão à noite. Dito de outra maneira: a graça tira partido de uma natureza humana que é intrinsecamente receptiva a ela, mas a transfigura no ato de fazê-lo. Por conseguinte, essa fé na humanidade é uma questão de realismo, mas também o é o cálculo racional daquilo que precisa ser corrigido nela. Portanto, existe esperança, mas não otimismo infantil. Traduzido em termos políticos, o imanentismo puro está ligado ao tipo de historicismo esquerdista ao qual Benjamin se opôs firmemente. Segundo essa teoria, existe uma dinâmica em ação na história que a conduzirá, na plenitude dos tempos, à realização do socialismo. O apocaliptismo absoluto, por sua vez, é igualmente inverossímil. De acordo com essa teoria, o evento transformador irrompe de maneira imprevisível numa história degenerada em que há pouco a ser valorizado, e onde ele não consegue encontrar nenhum fundamento. Se ele redime o presente, é porque não está enraizado nele. É uma perspectiva protestante radical, o correspondente político do que pode ser encontrado em nossa própria época na obra de Alain Badiou. Para esse estilo de pensamento, o evento revolucionário precisa ser realmente miraculoso, já que, num mundo degenerado, aparentemente não haveria muita coisa que pudesse justificá-lo. Se o historicismo confia demais na obra do tempo, o apocaliptismo revela muito pouco dela.

Para uma corrente mais ortodoxa do marxismo, como para a linhagem católica do cristianismo, um futuro válido precisa ser vagamente perceptível no presente. Para o marxismo, ele pode ser encontrado nas forças que são geradas pelo atual sistema, mas que, no entanto, são capazes de revelar suas contradições. Para que haja uma esperança genuína, o futuro tem de estar ancorado no presente. Ele não pode simplesmente irromper nele vindo de um espaço sideral metafísico. Ao mesmo tempo, as forças que, à semelhança do fermento, agem no presente o fazem de uma forma que, finalmente, ultrapassa seus limites e aponta para uma condição que está além do que podemos imaginar agora. Um futuro que pudesse ser apreendido pela linguagem do presente teria cumplicidade demais com o *status quo* e, portanto, dificilmente seria genuíno.

Portanto, qualquer que seja o significado que se dê à esperança, com certeza ela não é uma questão de otimismo. No entanto, surpreendentemente, existe muito pouca reflexão filosófica sobre o fundamento da esperança. É para essa questão que nos voltaremos agora.

2
O que é a esperança?

As três chamadas virtudes teologais da fé, da esperança e do amor têm corolários deturpados. A fé corre o risco de virar credulidade, o amor, sentimentalismo, e a esperança, autoengano. Na verdade, é difícil pronunciar a palavra "esperança" sem evocar a possibilidade de que ela seja adulterada, na medida em que nos lembramos instintivamente de adjetivos como "tênue" ou "perdida". Parece haver algo incorrigivelmente ingênuo no próprio conceito, ao passo que parece haver uma certa maturidade na melancolia. A esperança sugere uma expectativa hesitante e meio temerosa, o mero fantasma de uma sólida autoconfiança. Nos dias de hoje, ela tem uma fama tão ruim quanto a nostalgia, que é mais ou menos o seu oposto. A esperança é um junco delgado, um castelo no ar, uma companhia agradável, mas um péssimo guia, um molho excelente, mas pouca comida. Se abril é o mais cruel dos meses para *A terra devastada*, é porque ele alimenta falsas esperanças de renascimento.

Existem até mesmo aqueles para quem a esperança é uma espécie de indignidade, mais adequada para os reformadores sociais que para os heróis trágicos. George Steiner admira uma forma de "tragédia absoluta" que "não seria contaminada" por nada tão desprezivelmente pequeno-burguês quanto a esperança. "Na alta tragédia", ele observa, "a nulidade destrói como um buraco negro",[1] uma condição que o menor sopro de esperança só poderia corromper. A grandeza da tragédia, afirma Steiner, é rebaixada por esses anseios fúteis. Por acaso, isso não acontece com *Oresteia*, de Ésquilo, nem, de fato, com os dramas trágicos de Shakespeare, os quais deveriam ser suficientemente sublimes para o gosto de qualquer um. Mas a tragédia, sustenta Steiner, não é natural para Shakespeare, e é por isso que ele insiste em diluir a essência pura do desespero em vários sinais vulgares de redenção. Por outro lado, a visão do *Doutor Fausto*, de Christopher Marlowe, uma peça escandalosamente desigual e inadequada, é implacavelmente impassível e, portanto, "profundamente não shakespeariana". O adjetivo pretende ser lisonjeiro. A tragédia rejeita qualquer esperança social, e, portanto, segue um método intrinsecamente antiesquerdista. O pessimismo é um ponto de vista político.[2] O filósofo católico Peter Geach também tem uma opinião sombria a respeito da esperança, embora por motivos diferentes. Se a esperança não está baseada no Evangelho cristão, afirma ele, então não existe esperança.[3] É difícil acreditar que a expectativa de alguém por uma refeição decente seja considerada inútil e inválida pelo fato de não estar baseada na morte e na ressurreição de Jesus. Mesmo se o cristianismo for a única esperança definitiva da humanidade, isso não quer dizer que qualquer aspiração que fique aquém do reino de Deus esteja destinada ao fracasso.

A esquerda política pode ser tão cautelosa em relação à esperança quanto a direita steineriana. Claire Colebrook, por exemplo, brinca com a ideia de um "feminismo sem esperança". "Parece que o feminismo", ela escreve, "pode precisar abandonar a esperança – esperança de um namorado mais rico, de um par de seios maior,

---

[1] Steiner, "'Tragedy' Reconsidered", em Felski (org.), *Rethinking Tragedy*, p.40.
[2] Ver, por exemplo, Scruton, *The Uses of Pessimism and the Danger of False Hope*.
[3] Geach, *The Virtues*, p.48.

de um par de coxas mais elegantes e da bolsa mais inacessível do momento – para imaginar um futuro que 'nos' liberte dos clichês com os quais temos nos fartado e que têm nos insensibilizado até perder a coragem. A utopia só poderia ser alcançada através de uma profunda desesperança".[4] Esta não é uma postura política que Colebrook endosse de maneira irrestrita, e por um bom motivo: se as mulheres podem ter inúmeras esperanças falsas ou negativas, elas também têm uma série de esperanças autênticas. Mesmo assim, a desconfiança que a esquerda tem da esperança não é totalmente infundada. As imagens da utopia sempre correm o risco de confiscar as energias que, de outro modo, poderiam ser investidas em sua construção.

É provável que aqueles que têm esperança pareçam menos determinados que aqueles que não a têm, muito embora haja momentos em que nada é mais extravagantemente irrealista que o pessimismo. Na era da modernidade, a melancolia parece uma postura mais sofisticada que a jovialidade. A esperança depois de Buchenwald e Hiroshima parece apenas uma fé infundada de que o futuro representará um avanço sobre o presente, recordando a descrição irônica que Samuel Johnson fez de um novo casamento como a vitória da esperança sobre a experiência. No entanto, mesmo os acontecimentos mais terríveis da nossa época podem dar motivos de esperança. Como observa Raymond Williams, se houve gente que morreu nos campos nazistas, também houve gente que deu a vida para livrar o mundo daqueles que os construíram.[5]

De modo geral, a esperança tem sido a prima pobre das virtudes teologais, inspirando menos investigações acadêmicas que a fé e o amor. Apesar do título, o livro de Peter Geach *Truth and Hope* [Verdade e esperança] não tem absolutamente nada a dizer a respeito da esperança, e a discussão que o autor faz sobre ela em *The Virtues* [As virtudes] é particularmente mais rasa que seus comentários sobre

---

4 Coleman; Ferredy (orgs.), *Hope and Feminist Theory*, p.16.
5 Ver Williams, *Modern Tragedy*, p.59.

a fé. Vale a pena observar que os três estados de espírito estão intimamente relacionados. Santo Agostinho escreve em *Enquirídio* que "não existe amor sem esperança, esperança sem amor nem esperança nem amor sem fé".[6] A fé é uma espécie de compromisso amoroso ou convicção ardente que, para a doutrina cristã ortodoxa, se torna possível, em primeiro lugar, pela obsessão de Deus pela humanidade. "O crente é alguém que está apaixonado", escreve Kierkegaard em *O desespero humano*. A fé é uma questão de confiança, que, por sua vez, envolve uma forma de amor ou abnegação. É uma convicção inabalável de que o outro não deixará você escapar entre os dedos, e confiar que não seremos abandonados é a base da esperança. Na verdade, o *Oxford English Dictionary* [Dicionário de Inglês da Oxford] traz "uma sensação de confiança" como um significado arcaico de "esperança". Esperança é a confiança de que o seu projeto será bem-sucedido, aquilo que um crítico chama de "compromisso ativo com a desejabilidade e a realizabilidade de um determinado objetivo".[7] Por isso, ela envolve o desejo e, portanto, num sentido amplo do termo, o amor. É a fé que revela o que se pode legitimamente esperar, e ambas as virtudes – a fé e a esperança – estão baseadas no amor.

Para Tomás de Aquino, o amor se distingue da esperança por já estar unido ao seu objeto, ao menos em espírito; no entanto, como observa Denys Turner, parafraseando Tomás de Aquino, "o verdadeiro amor gera o tipo de esperança que faz que um amigo conte com outro, pois é naqueles que, através do amor, são nossos amigos que podemos confiar de maneira mais completa".[8] Na opinião de Tomás de Aquino, a fé e o amor antecedem logicamente a esperança, ao passo que tanto para Kant como para John Stuart Mill é a esperança em Deus que nos leva a postular sua existência. O mesmo acontece com Miguel de

---

6 Agostinho, *Enchiridion: On Faith, Hope, and Love*, p.8.
7 Shade, *Habits of Hope*, p.70.
8 Turner, *Thomas Aquinas: A Portrait*, p.161. Em *Enquirídio*, Santo Agostinho considera que o amor pressupõe a esperança, e que ambas as virtudes pressupõem a fé.

Unamuno, que afirma em *Do sentimento trágico da vida* que acreditamos porque temos esperança, não o contrário. O ex-presidente americano Bill Clinton certa vez uniu as virtudes da fé e da esperança ao declarar: "Ainda acredito num lugar chamado Hope [Esperança]", referência à cidade em que ele cresceu. Se ele tivesse modificado seu sentimento para: "Ainda acredito num lugar que eu amo chamado Hope", poderia ter combinado com elegância as três virtudes teologais.

Em geral, quanto mais racionais forem os motivos da fé, maior a esperança, já que o mais provável é que a nossa fé venha a ser justificada. Ter fé na paixão humana pela justiça, por exemplo, da qual toda a história dá testemunho, é ter uma esperança razoável de que ela não desaparecerá da Terra sem luta, mesmo se não prevalecer no final. Para o cristianismo, ter fé no Deus que ressuscitou Jesus dos mortos é ter motivos para esperar que a própria humanidade acabará passando por essa transformação. Mesmo assim, podemos ter fé nas habilidades humanas enquanto classificamos suas chances de sucesso como bastante desprezíveis; ou seja, a esperança nem sempre segue os passos da fé. Por outro lado, é possível esperar pela paz e pela justiça com apenas um pouco de fé na capacidade da humanidade de provê-las. Ou podemos sentir um amor apaixonado pela humanidade sem ter a mínima fé nela como espécie, ou a menor esperança de que a sua condição melhore de forma visível. Um amor desesperado não está, de modo algum, fora de cogitação.

Porém, e se a esperança fosse uma ilusão? Isso não seria um motivo evidente para descartá-la. Para *Ensaio sobre o homem*, de Alexander Pope, a esperança é uma fantasia terapêutica que nos mantém vivos ao nos convencer a ir atrás de um objetivo utópico depois do outro: "A esperança é eterna no coração humano;/ O homem nunca é, mas espera sempre ser feliz".

É uma declaração enganosa, muito menos confiante do que a dupla de versos hexâmetros faz parecer. A palavra "eterna" reveste a ideia de esperança com um toque de glória divina, embora ela realmente signifique algo como "perpétua". O que é duradouro em nós é o nosso descontentamento. "O homem nunca é, mas espera sempre ser feliz" soa devidamente piedoso, mas na verdade é sarcástico. Insistimos em ter esperança porque estamos constantemente desiludidos, uma insistência que podemos considerar tanto uma recusa corajosa da derrota como uma indiferença estúpida diante das lições da experiência. Existe certamente uma insinuação de que a esperança é eterna porque ela é insensível à sua própria inutilidade, uma obstinação que contrasta com a perspicácia suave dos próprios versos. Para Pope e Samuel Johnson, como para alguns dos principais pensadores da modernidade tardia (Schopenhauer, Nietzsche, Freud), a consciência está sempre ligada a uma mistura de falsa consciência, e seria incapaz de funcionar sem ela. A esperança é uma miragem apolínea ou uma mentira vital ibseniana por meio da qual a futilidade é mantida à distância enquanto os deuses riem cinicamente com uma carta na manga. Pode não haver esperança; mas, a menos que procedamos como se houvesse, é provável que essa possibilidade se torne uma certeza. Para o Freud de *O futuro de uma ilusão*, a esperança religiosa é uma ama-seca que narra contos de fadas para uma criança, e ele quer livrar o mundo dessas fantasias consoladoras. Erik Erikson considera a esperança, que se manifesta primeiro na confiança da criança nos pais, como "a mais antiga e mais indispensável virtude de estar vivo"; no entanto, ele também escreve que, ao longo do desenvolvimento da criança pequena, "ficará comprovado que, no momento em que um acontecimento ou uma situação esperada ocorre, as esperanças concretas são silenciosamente substituídas por um conjunto mais avançado de esperanças",[9] uma maneira perifrástica de sugerir que assim que conseguimos o que queremos passamos a querer outra coisa.

Esse ceticismo também não está confinado à modernidade. Em geral, os antigos gregos consideravam a esperança mais uma desgraça que uma bênção. Eurípedes a chama de maldição sobre a humanidade. Platão nos adverte em *Timeu* que a esperança pode nos induzir

---

9 Erikson, *Insight and Responsibility*, p.115 e 117.

ao erro. Tomás de Aquino observa ironicamente que a esperança abunda entre os jovens, os bêbados e o tipo de idiota carente de prudência.[10] "Por isso, nunca vivemos", comenta Pascal em *Pensamentos*, "mas temos a esperança de viver". Byron chama a esperança de prostituta encovada. Em *A repetição*, Kierkegaard descreve a esperança como uma donzela charmosa que nos escapa entre os dedos, embora ele tenha em mente desejos mundanos, não religiosos. Jean-Paul Sartre se refere à *sale espoir*.* Para um bom número de pensadores ao longo dos séculos, a ilusão é o que move a vida humana, e se ela deve ser ratificada ou lamentada depende da ênfase que damos à luta ou ao autoengano. Por sermos criaturas amnésicas, suprimimos o vazio das esperanças passadas para ir atrás de mais um fogo-fátuo sedutor, e essa produção sem fim de autoesquecimento é conhecida como vida humana.

Vista por esse prisma, a esperança é um fetichismo do futuro que reduz o passado a um grande prólogo e o presente a uma simples expectativa vazia. Consequentemente, há momentos em que ela não parece tão diferente assim do desespero. Se ela é o mais pernicioso dos males que emergem da Caixa de Pandora, é porque isso nos impede de dar cabo de nós mesmos, e, portanto, de dar cabo de todos os outros males que nos perturbam. A lenda de Pandora é curiosamente ambígua a respeito da questão de saber se a esperança é doença ou cura, ou, de uma forma homeopática, ambas ao mesmo tempo. Será que esperar por uma terapia para as nossas angústias por acaso faz parte delas, já que isso nos impede de enganá-las por meio do suicídio? Será que a esperança, como a Vontade malévola de Schopenhauer, nos mantém vivos para que possamos continuar a ser atormentados, como um torturador que despeja um balde d'água na cabeça da vítima?

---

10 Citado por Doyle, *The Promise of Christian Humanism: Thomas Aquinas on Hope*, p.76. Nesse caso, Tomás de Aquino se refere à esperança como um sentimento comum, não como uma virtude teologal.

* Em francês no original: "esperança obscena". (N. T.)

Segundo esse ponto de vista, a esperança é uma fresta no presente através da qual é possível vislumbrar um futuro, mas é também aquilo que esvazia o sujeito humano, transformando-o em não ser. Ela desvaloriza cada momento, depositando-o no altar sacrificial de uma satisfação futura que nunca irá chegar. Sem esse processo contínuo que nos lança à frente de nós mesmos, tentando obter uma satisfação que se desfaz ao ser agarrada, não haveria vida especificamente humana. "Não somos felizes, e não podemos ser felizes", observa Vershinin em *As três irmãs*, de Tchekov; "só queremos a felicidade". A esperança, como o desejo em si, é o modo pelo qual o animal humano é diferente de si mesmo, sua existência um eterno porvir, sua essência uma espécie de suspensão. Ela representa o que Karl Rahner chama de "uma modalidade básica de existência humana", não simplesmente uma atitude mental.[11]

Para Samuel Johnson, esse estado de negação da autoidentidade é um motivo genuíno da depressão. No entanto, a atitude de Johnson em relação à esperança é curiosamente ambígua, já que ele também a considera um estímulo indispensável ao esforço humano. Em seu poema "On the Death of Dr. Robert Levet" [Sobre a morte do dr. Robert Levet], ela é descrita sem rodeios como "ilusória"; no entanto, Johnson também comenta, em *The Rambler*,* que "é preciso ter esperança, embora ela sempre nos iluda; pois a própria esperança é felicidade, e as suas decepções, ainda que frequentes, são menos terríveis que a sua extinção".[12] De qualquer forma, é preferível a ilusão ou a falsidade lucrativa que o desespero. Em *Prometeu acorrentado*, de Ésquilo, Prometeu diz ao coro que entre outros benefícios que ele trouxe para a humanidade está a dádiva da "esperança cega", a que eles respondem ironicamente a uma só voz: "A sua dádiva lhes trouxe uma

---

11 Rahner, "On the Theology of Hope", em *Theological Investigations*, v.10, p.254.
* Revista literária publicada às terças-feiras e sábados por Samuel Johnson entre 1750 e 1752. Seu nome significa "O errante". (N. T.)
12 Citado em Nokes, *Samuel Johnson: A Life*, p.133.

grande bênção". Talvez a única felicidade que possamos alcançar seja a esperança de que ela vai chegar.

Apesar de todo o seu ceticismo, Johnson descreve a esperança como "a principal bênção do homem",[13] embora acrescente que só é racional a esperança que nos dê a certeza de que não vai nos decepcionar. Ele pode muito bem ter considerado que só havia um elemento nessa categoria (a esperança de salvação cristã), e, nesse caso, é fácil perceber como ele pôde dar uma classificação tão favorável a essa virtude, enquanto, ao mesmo tempo, a considerava (como em seu romance *Rasselas*) geralmente espúria. Era a diferença entre as aspirações sagradas e as mundanas que contava. Talvez a esperança para Johnson envolva uma espécie de dissonância cognitiva ou ironia redentora, já que ele afirma e duvida numa mesma frase. Pode ser que o otimismo da vontade neutralize o pessimismo do intelecto. Como diz, de maneira tortuosa, um filósofo contemporâneo: "Alguém que *tem a esperança* de que *p* aja normalmente como se 'esperasse o melhor' – além disso, que isso é assim. E, no entanto, ele não precisa acreditar que seja assim, nem mesmo que exista a probabilidade de ser assim; ele pode até pensar que provavelmente *não* seja assim".[14] Porém, veremos posteriormente que, embora a esperança não precise envolver o provável, ela realmente depende do possível.

A façanha de *O grande Gatsby*, de F. Scott Fitzgerald, reside, entre outras coisas, no fato de que o romance não permite que adotemos uma postura inequívoca diante dos sonhos grandiosos de seu protagonista. Gatsby acaba se revelando um trapaceiro e um visionário corrupto, mas, apesar de tudo, existe uma nobreza em seu desejo implacável por Daisy, uma verdade escondida no âmago de sua hipocrisia. Gatsby tem aquilo que o narrador chama de "sensibilidade acentuada para as promessas da vida... um dom extraordinário para a esperança, uma disponibilidade romântica que eu jamais

---

13 Johnson, *The Yale Edition of the Works of Samuel Johnson*, v.4, p.192.
14 Gordon, *The Structure of Emotions*, p.85.

encontrei em outra pessoa e que provavelmente nunca encontrarei novamente". Suas esperanças, na verdade, não darão em nada, já que a influência do passado se mostra mais forte que a atração do futuro:

> Gatsby acreditava no sinal verde, no futuro orgástico que ano após ano recua diante de nós. Ele então nos ilude, mas isso não tem importância – amanhã correremos mais depressa e estenderemos nossos braços mais longe... E numa bela manhã –
> E então continuamos, barcos contra a corrente, empurrados continuamente para o passado.

O passado existe tanto quanto o futuro; no entanto, ele se diferencia deste último por ter tido outrora uma grande importância, e é por isso que ele ainda pode exercer uma autoridade negada àquilo que ainda está por vir. Se o presente não consegue escapar da órbita do passado não é apenas porque o passado é essencialmente aquilo de que somos feitos, mas porque, como no impulso desesperado de repetir de Gatsby, ele não deseja fazê-lo. A maior parte do presente consiste de um esforço de reconquistar aquilo que foi irremediavelmente perdido. É como se ele fosse pouco mais de uma oportunidade que o passado tem de acontecer novamente, desta vez como farsa. O próprio mundo, escreve o satirista Karl Kraus, não passa de um retorno equivocado e tortuoso ao paraíso.

Mesmo assim, o fato de Gatsby estar tão dolorosamente autoiludido não permite que a sua aura seja completamente maculada ou que seu mistério se dissipe, um pouco como a visão dos refugiados europeus que pisaram pela primeira vez na América não foi completamente prejudicada pela atribulada história posterior do país. Naquilo que *O grande Gatsby* chama de maneira arrogante e presunçosa de "o último e maior de todos os sonhos da humanidade", "por um instante fugaz o homem deve ter prendido a respiração na presença deste continente, impelido a uma contemplação estética que ele não compreendia nem desejava, diante, pela última vez na história, de algo proporcional à sua capacidade de se deslumbrar". Na mesma linha, o narrador de *Cidade de vidro*, de Paul Auster, imagina a entrada desses pioneiros no Novo Mundo como "o impulso restaurador do pensamento utópico, a faísca que deu esperança na perfectibilidade da vida humana", muito embora saibamos que os resultados dessa aventura colonial não foram, de modo algum, claramente positivos.

A respeito dessa visão um pouco questionável, existe um núcleo utópico até mesmo nas esperanças mais perniciosas e megalomaníacas, como veremos posteriormente na obra de Ernst Bloch. É assim que o romance de Fitzgerald consegue admirar "a enorme vitalidade da ilusão [de Gatsby]", muito embora suas consequências sejam a morte e a destruição. Reza a lenda que, corretamente interpretada, toda esperança mortal pode nos revelar um eco vago e distorcido de uma esperança vital, um pouco como a mais desastrosa das ações humanas representa uma tentativa malograda de alcançar a felicidade. Nesse sentido, o inautêntico pode servir de instrumento para o autêntico. Talvez exista uma temática literária especificamente americana por trás disso. Em *Moby Dick*, Ahab alcança uma estatura trágica por meio da mesma tenacidade que o mantém fiel a uma ilusão mortal, e o mesmo pode ser dito do comportamento menos épico do Willy Loman de Arthur Miller. Num estilo formalista, somos convidados a admirar a paixão e a firmeza de um compromisso, independentemente do seu conteúdo desastrosamente equivocado.

Existe diferença entre esperança e desejo? Há momentos em que a diferença pareceria bastante reduzida. "Espero que sim" pode significar simplesmente "Quero". Não existe um abismo metafísico entre querer um charuto e ter a esperança de obtê-lo. O filósofo Gabriel Marcel considera que a esperança é uma forma de amor e que o desejo é avarento e egocêntrico,[15] mas isso desconsidera o fato de que pode haver esperanças malignas e desejos benignos. Tanto a esperança como o desejo podem ser estados morais, mas não necessariamente: você pode esperar que não chova ou desejar um ovo em conserva. O desejo frequentemente está relacionado a um objeto específico, ao passo que o objetivo da esperança é geralmente um estado de coisas; no entanto, é possível desejar que uma situação ocorra ou ter a esperança de uma pele mais macia. Também se pode falar de *ter esperança em* alguém (o que é diferente de *esperar por* alguém), que significa ter fé que a pessoa não vai deixar de entregar o que você quer. É possível desejar (e certamente amar) o que já se tem, mas não é possível esperar por aquilo que já se tem.[16] A esperança e o desejo podem estar mutuamente em desacordo: você pode querer um cigarro, mas esperar não sucumbir ao seu anseio. Ou você pode esperar por algo conscientemente enquanto nutre uma aversão inconsciente àquilo. A esperança e a fé também podem ser discrepantes: você pode esperar morrer de raiva, por exemplo, mas não acreditar, de modo algum, que isso vai acontecer. Você pode se sentir cheio de esperança mesmo quando as evidências são frágeis, embora não esteja firmemente convicto. Acreditar que algo vai acontecer é ter a expectativa de que aconteça, mas esperar que isso vai acontecer não é necessariamente ter a expectativa de que isso ocorra.[17]

"Espero estar em Nova York no próximo outono" registra uma expectativa de que você estará, ao passo que "Queria ser Mick Jagger", não. "Espero ficar livre deste sofrimento" expressa um desejo, mas também, possivelmente, uma expectativa. Justamente porque ela antecipa em vez de simplesmente desejar, a esperança

---

15 Ver Marcel, "Desire and Hope", em Lawrence; O'Connor (orgs.), *Existential Phenomenology*, p.280.
16 Ver Radford; Hinton, "Hoping and Wishing", *Proceedings of the Aristotelian Society*, v.44, p.78.
17 Para uma excelente investigação sobre esta e outras questões, ver Muyskens, *The Sufficiency of Hope*.

precisa pretender o possível, ou, pelo menos, aquilo que quem está dominado por ela considera possível, o que não acontece necessariamente com o desejo.[18] Aqueles que esperam se tornar presidente do Banco Mundial têm uma probabilidade maior de que lhes seja concedida essa honraria duvidosa do que aqueles que simplesmente sonham com isso, já que o fato de eles esperarem pelo cargo significa que é possível obtê-lo. Thomas Hobbes se refere à esperança em *Leviatã* como "um desejo que tem a convicção de que vai se realizar", enquanto Paul Ricoeur é autor da célebre definição de que a esperança é "uma paixão pelo possível".[19] Stan van Hooft ressalta que é possível dizer que uma situação é sem esperança, mas não indesejável, já que é possível desejar aquilo que se sabe ser inatingível.[20] Sempre é possível desejar, mas nem sempre é possível ter esperança. Você pode querer ser um arminho ou um cidadão da Atenas de Péricles, mas não pode esperar ser nenhum dos dois. Alguém pode desejar jamais ter nascido, mas não pode esperar por isso.

Não existe nada necessariamente ridículo em esperar em vão, mas é ridículo esperar irracionalmente. Gabriel Marcel sustenta que é possível esperar por qualquer coisa quase impossível, de modo que a grande probabilidade de que ela jamais se torne realidade não invalida uma esperança. É irracional esperar o impossível, mas não o extremamente improvável. A esperança exige menos motivos que a crença: pode ser racional esperar que algo se realize, mas irracional acreditar nisso. É claro que é possível esperar irracionalmente, no sentido de continuar esperando o resultado que se deseja mesmo quando é flagrantemente irrealista fazê-lo; mas acreditar irracionalmente que as nossas esperanças podem se realizar é acreditar equivocadamente que elas são factíveis. Também é possível desejar irracionalmente.

---

18 Sobre o desejo do impossível, ver Wheatley, "Wishing and Hoping", *Analysis*, v.18, n.6, p.121-31, jun. 1958.
19 Ricoeur, *Essays on Biblical Interpretation*, p.161.
20 Ver Van Hooft, *Hope*, p.25.

Para a teoria psicanalítica, aqueles que desejam irracionalmente correm o risco de adoecer de neurose. As esperanças irracionais podem incluir aquelas que são tímidas demais. O preconceito de que a esperança é ingênua esquece que existem situações em que a esperança profunda é perfeitamente adequada e a esperança frágil, irrealista. Isso dificilmente acontece em relação às guerras e aos genocídios do século XX; no entanto, é possível questionar mesmo assim se a melancolia constante de um retratista do período tão soberbo como W. G. Sebald é totalmente realista.

A impossibilidade anula a esperança, mas não o desejo: você pode querer enganar o atual ditador da Coreia do Norte e levá-lo a uma boate *gay* no centro de Denver, enquanto reconhece que o seu desejo é inútil. Abraão parece esperar pelo impossível quando deseja que seu filho possa ser salvo da faca que lhe ordenaram empunhar contra ele, porém, como tudo é possível quando se trata de Iavé, sua esperança não é realmente inútil. Vale também observar que eu posso esperar pelo que é possível para você (se tornar a mãe orgulhosa de trigêmeos, por exemplo), mas não para mim. Embora a morte assinale o fim da esperança para nós, a esperança pelos outros pode se estender para além do túmulo. Isso não significa que essas esperanças sejam sempre altruístas. Posso esperar que você dê continuidade à minha eterna vingança contra os imitadores rivais de Elvis Presley quando eu não estiver mais aqui para fazê-lo.

Robert Audi ressalta que ter fé que algo vai acontecer normalmente é não ficar surpreso quando acontece, ao passo que alguém que simplesmente espera por aquilo pode muito bem ficar surpreso.[21] Ele também afirma que podemos ficar envergonhados por esperar que algo aconteça, mas não ter fé que isso acontecerá, embora ter fé que os seus esquemas secretos para dominar o mundo passarão despercebidos certamente é suficiente para causar vergonha.[22] Uma esperança

---

21 Ver Audi, *Rationality and Religious Commitment*, p.74.
22 Ibid.

realizada costuma modificar as expectativas. A exemplo do desejo, o objeto de esperança pode ocorrer com uma aparência transfigurada, ou a esperança pode ter se modificado ou prescrito inteiramente no momento em que aparece. Para Freud, o desejo tende a errar o alvo, desgovernado pelo processo mais profundo da ânsia (o inconsciente) com o qual ele está envolvido. Pode ser também que nós só descobrimos de fato a real natureza da nossa esperança quando ela está verdadeiramente realizada. Talvez os companheiros de Jesus estivessem esperando por sua ressurreição, mas não soubessem que estavam até ela acontecer.

Tomás de Aquino observa que "o homem não espera por aquilo que ultrapassa completamente suas próprias capacidades",[23] acrescentando a cláusula de que a esperança precisa ser penosa, no sentido de que seu objeto precisa ser difícil de alcançar. Para Tomás de Aquino, a esperança é "um movimento ou uma amplificação do desejo na direção de um bem difícil".[24] Não é possível esperar pelo impossível, mas tampouco, na visão de Tomás de Aquino, a virtude é mais bem exemplificada pelo que se encontra à mão e é fácil de alcançar. Seu objeto, ele escreve, é um bem que se encontra no futuro e que é difícil, mas possível, de alcançar.[25] Nessa medida, a esperança é inimiga tanto do utopismo preguiçoso como do desespero. No entanto, a esperança nem sempre tem a ver com nossos esforços, penosos ou não. Pode-se esperar por aquilo que, em princípio, está além das nossas capacidades, o que não é o mesmo que esperar pelo impossível. Você pode esperar que não chova, por exemplo, ou que a sua atual paranoia, leve e socialmente funcional, não se transforme numa verdadeira psicose.

---

23 Aquino, *Summa Theologiae*, v.33, p.7. Para um breve comentário a respeito de Tomás de Aquino e a esperança, ver Von Balthasar, *Dare We Hope "That All Men Be Saved"?*, cap.4.
24 Aquino, *Summa Theologiae*, v.33, p.13.
25 Ibid., p.5.

Pace* Tomás de Aquino, não está claro por que não se pode usar a palavra "esperança" para um desejo acrescido de expectativa razoavelmente banal, como esperar que as próprias calças se mantenham no lugar até o fim da cerimônia de graduação. Dizer "espero vê-lo amanhã" normalmente não significa que o encontro provavelmente será um acontecimento difícil, envolvendo uma série de obstáculos a serem heroicamente superados. Além disso, existe uma forma de esperança que realmente não considera factível sua própria realização. "No ano que vem na Nova Jerusalém!" seria um exemplo. A maioria das pessoas que entoa esse *slogan* provavelmente não acredita que o paraíso ou o comunismo vai acontecer dentro de um ano, muito embora a história possa mudar com a velocidade da luz; mas, mesmo assim, as palavras têm uma força performativa, animando aqueles que as pronunciam, e, talvez, ao fazê-lo, tornando o advento de um futuro desejável ligeiramente mais próximo. Esperar que o comunismo vá dominar o mundo no próximo mês de julho é uma maneira retórica de articular uma esperança que consideramos, de fato, razoável. Nesse sentido, a aparência exagerada da afirmação esconde um núcleo racional.

A esperança é uma espécie daquilo que Aristóteles chama de desejo racional, o contrário do tipo de desejo que, como a vontade de comer ou de dormir, é simplesmente uma questão de necessidade. Esperar pela queda da monarquia, por exemplo, não é apenas desejá-la, mas acreditar que ela é alcançável, reconhecê-la como algo bom, acreditar que ela acontecerá, olhar para a sua chegada com uma sensação de expectativa e, talvez, com um grau de confiança, e assim por diante. E tudo isso envolve a razão. Para Immanuel Kant, a esperança só é justificada racionalmente no caso do homem virtuoso, o único que tem uma expectativa razoável da felicidade que todos desejam.[26] Na maioria das

---

* Em latim no original: "Com a permissão de". (N. T.)
26 Para um levantamento útil do que Kant diz sobre a esperança, ver Peters, *Kant's Philosophy of Hope*.

vezes, tanto a esperança como o desejo olham para o futuro, por serem direcionados para alcançar coisas que não existem no momento. Digo que a esperança olha para o futuro "na maioria das vezes" porque é possível esperar que a própria filha não tivesse entrado em pânico durante o exame de autoescola, ou que você não tivesse passado vergonha na festa de ontem à noite ao usar, uma vez mais, uma fantasia de texugo. É um aspecto esquecido em quase todos os teóricos do tema (incluindo, como vimos, Tomás de Aquino), que consideram a virtude apenas em termos do futuro. É óbvio que é possível ser direcionado para o futuro de maneiras extremamente banais. Aqueles que acreditam no futuro, escrevem dois observadores particularmente perspicazes do ser humano, "criam listas 'do que fazer', utilizam agendas e usam relógios de pulso, além de controlar seus talões de cheques – todas essas atividades envolvem uma orientação para o futuro".[27] Percorremos um longo caminho desde Santo Agostinho. Quando se trata de esperança orientada para o futuro, é possível notar que seu objeto já pode estar presente, mesmo se a condição que permite alcançá-lo ainda não esteja. São Paulo observa na Epístola aos Romanos que ninguém espera por aquilo que está diante dos olhos, mas que nem todas as esperanças devem ser baseadas nas esperanças escatológicas. Você pode esperar destruir a mesma torta de porco que examina com tanta cupidez, embora seja verdade que o ato de destruí-la ainda está por vir. A esperança e o desejo também são parecidos no fato de que ambos expiram no momento da sua realização. Ao consumar um desejo, nós simultaneamente o abolimos.

Como a esperança envolve um grau de expectativa, ela tem em geral um aspecto mais narrativo que o desejo, que pode simplesmente passar de um objeto para o outro sem um roteiro muito evidente. Por outro lado, é possível esperar pelo esboço de uma trama que ligue um impulso presente a uma realização futura. Existe um

---

[27] Peterson; Seligman, *Character Strengths and Virtues: A Handbook and Classification*, p.570.

esboço similar em relação ao ato da promessa. Esperar significa se projetar construtivamente num futuro que é compreendido como possível, e que, portanto, num sentido obscuro, já está presente, em vez de simplesmente sofrer nas garras de um desejo. É verdade que, tal como o passado, o futuro não existe; mas um pouco como o passado sobrevive em seus efeitos, o futuro também pode estar presente como uma potencialidade. É o que Ernst Bloch denomina a "consciência ainda não existente", que significa a maneira que o futuro pode ser descoberto, incubado tanto no passado como no presente, na forma de uma vaga premonição do que está por vir, e, portanto, como uma reminiscência invertida.[28] Para Bloch, essas premonições não assumem a forma de atos mentais, mas de fenômenos materiais: obras de arte, vistas da cidade, acontecimentos políticos, costumes populares, rituais religiosos etc. Não podemos conhecer o futuro diretamente, mas, para Bloch, podemos sentir sua atração fantasmagórica mesmo assim, como uma força que deforma o espaço. Ele pode ser encontrado na natureza inacabada do real, perceptível como um espaço vazio em seu núcleo. A potencialidade é o que articula o presente com o futuro, estabelecendo, assim, a infraestrutura material da esperança. Na verdade, é pelo fato de o presente, rigorosamente falando, não existir – já que todo presente excede radicalmente a si mesmo, sendo apreendido no ato de reter um traço do passado enquanto passa instantaneamente para o futuro – que a esperança é possível. Mas também, é claro, o pressentimento terrível e a expectativa sombria.

A esperança, portanto, é uma disposição mais positiva que o desejo. Este último tende a girar em torno de uma sensação de carência, enquanto a primeira mescla essa inquietação com um grau de tensa expectativa. Para Tomás de Aquino, a esperança tem um pouco do desconforto do desejo porque seu objeto ainda não está

---

28 Para o conceito de Bloch de não contemporaneidade, ver em especial, de sua autoria, *Heritage of our Times*, parte 1, p.188.

assegurado, mas contrapõe essa impaciência com uma tentativa ansiosa de alcançar esse objetivo. Ela é um movimento na direção do bem, não apenas um desejo por ele. A esperança tem origem no desejo, mas acrescenta a ele uma certa leveza de espírito ou um toque de alegria, o que não acontece com o desejo comum. Percebe-se um vínculo entre uma felicidade ainda por vir e a situação atual; e isso confere um impulso teleológico menos evidente no caso do desejo – ao menos no sentido psicanalítico do termo – que, no final, não conhece realização mais gratificante que se voltar sobre si mesmo. É verdade, porém, que existem esperanças vagas ou fracas, em que o vínculo entre o presente e o futuro é frágil, já que as possibilidades de alcançar o objeto são remotas.

Tanto a esperança como o desejo envolvem uma interação entre a presença e a ausência, já que o futuro é trazido vagamente em foco no próprio ato de ansiar por ele. O mesmo vale para a imaginação. Uma esperança inabalável, porém, não fita simplesmente uma satisfação futura por cima do abismo do real, que é o que geralmente acontece com o desejo, mas tem uma antevisão da sua realização, misturando uma certa euforia com a sua sensação de incompletude ao perceber sinais e promessas do futuro no presente. Na verdade, o cristianismo associa a esperança à expectativa alegre. Como diz Ernst Bloch, "O presente feliz é compreendido simultaneamente como uma promessa para o futuro".[29] O desejo, por outro lado, na maioria das vezes não é agradável. Aqueles que desejam não sorriem nem dão cambalhotas, como pode acontecer com aqueles que esperam. Isso é porque eles estão frustrados, o que não acontece com aqueles que esperam. Estes só ficarão frustrados se as suas esperanças malograrem.

Na visão de Ludwig Wittgenstein, a estrutura temporal da esperança envolve a linguagem. "É possível imaginar um animal raivoso, assustado, infeliz, feliz, surpreso", ele escreve. "Mas esperançoso?

---

[29] Bloch, *The Principle of Hope*, v.1, p.188.

E por que não?"[30] Bastaria mostrar que ele não possui linguagem. Ele observa que um cachorro pode esperar vagamente a volta do seu dono, mas ele não pode esperar que ele volte numa hora precisa de um dia específico, já que, por ser uma criatura não linguística, lhe falta a noção de, por exemplo, quarta-feira ou três horas. Segundo essa visão, só quem adquiriu uma linguagem pode ser considerado alguém que tem esperança. É a linguagem que abre grandes possibilidades futuras. Fílon escreve que a esperança é uma das características mais importantes que diferenciam os seres humanos dos outros animais, mas o caso depende do tamanho das aspirações em questão. É verdade que não é possível se referir à ambição secreta de um cachorro de resolver o conflito israelo-palestino ou desfrutar de um discreto jantar à luz de velas com Scarlet Johansson, mas certamente é possível se referir à sua esperança de que lhe joguem um osso. Embora ele não possa esperar que o dono volte às três horas, ele provavelmente pode sentir uma grande expectativa de esfregar o focinho no rosto dele de novo. Wittgenstein não gostava de cachorro, e talvez tivesse a tendência de subestimar sua habilidade.[31] Tomás de Aquino, que talvez gostasse mais de cachorro que Wittgenstein, acreditava que, como outros animais, eles eram capazes de ter esperança.[32]

A preocupação generalizada com a esperança está ligada ao historicismo da época moderna. Ela é um significante-chave na transição do ligado à tradição para o voltado para o futuro, das verdades metafísicas atemporais para o historicamente inconclusivo. Pelo menos era assim que Martinho Lutero enxergava a questão. Em sua opinião, "Os filósofos fixam o olhar na presença das coisas, e refletem apenas sobre

---

30 Wittgenstein, *Philosophical Investigations*, parte 2 (1), p.174e.
31 Obtive essas informações com os pescadores da aldeia de Ross Roe, no oeste da Irlanda, onde Wittgenstein passou algum tempo, e onde, segundo a lenda local, ele pediu aos vizinhos que não deixassem seus cachorros latirem enquanto ele estava trabalhando em *Investigações filosóficas*.
32 Ver Radford, "Hoping, Wishing and Dogs", *Inquiry*, v.13, p.100-3, primavera 1970.

as suas qualidades e a sua essência. Mas o apóstolo [Paulo] arrasta o nosso olhar da contemplação do estado atual das coisas e o direciona para o futuro. Ele não fala da essência ou dos mecanismos da criatura... mas emprega um termo teológico novo e estranho, e fala da expectativa da criatura".[33] A modernidade é uma questão de encarar o presente à luz do seu futuro e, portanto, à luz da sua possível negação. A essência agora é expectativa. O que define um fenômeno, numa inversão da evolução linear, é a forma interior que o desvia na direção do ainda não realizado. Numa inversão benjaminesca, é o futuro do fenômeno que determina o seu presente. E já que é o apóstolo Paulo que proclama essa verdade memorável, pode-se considerar que a modernidade remonta a um tempo surpreendentemente remoto.

Na esteira de Lutero, Jürgen Moltmann observa que, para os antigos gregos, a verdade é indubitável e eterna, enquanto para os antigos hebreus ela consiste na tensão entre uma promessa divina e a sua redenção histórica.[34] "Do princípio ao fim", ele escreve, "o cristianismo é escatologia, é esperança, olhar e mover-se para a frente, e, portanto, também é revolucionário e transformador do presente".[35] Para as escrituras judaicas, afirma Wolfhart Pannenberg, todo ser tem de ser compreendido como voltado para o futuro. A escatologia, que envolve "a primazia ontológica do futuro em relação ao presente", é, para ele, nada menos que a principal categoria do judeo-cristianismo. "Deus ainda não é", ele escreve, "mas ainda está por ser".[36] Essa predileção pelo futuro não é, certamente, uma característica invariável do pensamento moderno. Paul Ricoeur considera os textos de Hegel como "uma filosofia da reminiscência" avessa à ideia de esperança, ao contrário da visão de Kant da história.[37] Nicholas Boyle argumenta,

---

33 Citado por Moltmann, *Theology of Hope*, p.35.
34 Id., "Hoping and Planning", *Cross Currents*, v.18, n.3, p.310, verão 1989.
35 Id., *Theology of Hope*, p.16.
36 Pannenberg, "The God of Hope", *Cross Currents*, v.18, n.3, p.289-90, verão 1989.
37 Ricoeur, "Hope and the Structure of Philosophical Systems", *Proceedings of the American Catholic Philosophical Association*, v.44, p.60, 1970.

na mesma linha, que Hegel não tem uma verdadeira preocupação filosófica com o futuro.[38]

É tentador considerar a esperança um sentimento ou uma experiência. Aristóteles escreve em *Retórica* que ela envolve uma sensação agradável do seu futuro objeto, um pouco como a memória pode fazer com algum acontecimento passado.[39] John Locke considera a esperança como o "prazer na mente" que sentimos quando antevemos uma futura fonte de alegria.[40] Ernst Bloch às vezes parece considerá-la um afeto ou um sentimento, como fizeram René Descartes e David Hume. Para Hume, ela se situa entre as grandes paixões fundamentais do medo, da tristeza, da alegria, da aversão e afins, e brota quando alguém contempla um acontecimento provavelmente prazeroso que é incerto, mas não impossível.[41] No entanto, realmente não existe sentimento, sintoma, sensação ou padrão de comportamento típico associado à esperança, como existe com a raiva ou com o horror. Isso se deve em parte porque ela é uma espécie de desejo; e embora o desejo seja uma experiência, ele não está associado a nenhuma sensação ou afeto determinado.[42] É possível ter esperança sem sentir nada em particular. O mesmo se aplica à expectativa. Uma mulher de quem se diz que está "esperando" não passa cada momento do dia antevendo ansiosamente o nascimento do filho. Wittgenstein ressalta que a promessa e a intenção também não são experiências. Nem, poderíamos acrescentar, a crença, que, a exemplo da esperança, é uma predisposição e não uma sensação. Como Wittgenstein procura demonstrar, frequentemente confundimos predisposições ou práticas sociais com estados de sentimento. Fazer uma promessa enquanto se decide secretamente rompê-la, por exemplo, ainda significa que ela foi feita, já que a promessa é uma instituição social, não

---

38 Boyle, *Who Are We Now?*, p.178.
39 Ver Aristóteles, *Rethoric*, p.117-8.
40 Locke, *An Essay Concerning Human Understanding*, v.2, p.9.
41 Ver Hume, *A Treatise of Human Nature*, p.438.
42 Ver Day, "Hope", *American Philosophical Quarterly*, v.6, n.2, p.89-102, abr. 1969.

um ato mental. Casar-se enquanto discretamente se desvincula da cerimônia ainda significa ter ganhado uma esposa. Alguém dizer que pretende se encontrar com o príncipe de Gales na próxima semana não é comunicar um estado mental, mas descrever uma situação. Essa intenção pode muito bem incluir sentimentos (temor, pânico, repugnância e afins), mas também pode não incluí-los. Mesmo se incluir, ela não é definida por eles.

O mesmo se aplica à esperança, muito embora ela possa vir envolta em estados emocionais como impaciência, agitação, pressentimento e assim por diante. Stan van Hooft ressalta que faz todo o sentido dizer "Ele não tem esperança de ser bem-sucedido" mesmo quando o próprio agente acredita que tem. Estamos falando, nesse caso, de uma situação, não de uma convicção íntima.[43] Falar de forma esperançosa é usar palavras de uma determinada maneira, não investi-las de um afeto específico. Mesmo se, pessoalmente, alguém sente apenas um espasmo violento de niilismo enquanto consola outra pessoa, as palavras de esperança não perdem o seu significado. Declarar que esperamos encontrar com um amigo na próxima semana geralmente não significa afirmar que somos objeto de determinadas sensações. É mais provável que proclamar a esperança de que o trabalho infantil seja abolido seja uma declaração política que uma declaração emocional. Como diz Jayne Waterworth com ironia, "Uma mulher que espera pela volta do marido ou do filho não fica num estado afetivo prolongado durante duas semanas, dois meses ou dois anos".[44] Sua esperança cessa no momento em que ela põe os olhos no marido, como uma pontada de dor subitamente aliviada, ou ela ainda permanece por algum tempo antes de desaparecer? A esperança ainda está presente quando ela dorme, como uma dor nas entranhas? Se a esperança é uma disposição e não um sentimento, pode-se de fato dizer

---

[43] Van Hooft, *Hope*, op. cit., p.16.
[44] Waterworth, *A Philosophical Analysis of Hope*, p.54.

que alguém está esperançoso enquanto dorme.[45] Se você fosse suficientemente insensível para cutucá-lo no peito e lhe perguntar se ele tinha esperança na paz mundial e ele grunhisse "sim" como resposta, poderíamos dizer que o problema estaria resolvido. Podemos reconhecer que uma esperança é verdadeira sem termos a mínima percepção dela. Na verdade, podemos admitir que existem motivos racionais para ter esperança enquanto nos sentimos completamente tomados por pensamentos suicidas, um pouco como as pessoas de temperamento alegre podem às vezes ser levadas a admitir que uma situação é irremediável.

Dizem que o filósofo de Oxford Gilbert Ryle, ao ser perguntado por um colega quando ele poderia esperar ver seu novo livro, teria respondido: "Você pode esperar quando quiser". Esse é um comentário tipicamente elitista. Com um estilo delicadamente malicioso, Ryle certamente estava chamando a atenção para uma ambiguidade gramatical, e, desse modo, censurando implicitamente seu colega por uma espécie de solecismo. "Quando podemos esperar ver seu novo livro?" significa, é claro, "Quando podemos ter o prazer de vê-lo?", não "Em que momento no tempo podemos começar a ter a esperança de que ele será publicado?". Mas Ryle também poderia estar fazendo um comentário filosófico improvisado. Talvez ele estivesse fazendo uma observação sobre a natureza da esperança ao confundi-la maliciosamente com uma questão opcional (na verdade, não podemos simplesmente esperar quando quisermos), ou com uma sensação cujo início podemos determinar com alguma precisão. Perguntar "O que você espera alcançar?" é solicitar um relato de um projeto, não uma descrição de uma condição subjetiva. O que está em jogo aqui é a estrutura da intencionalidade inscrita numa situação, não uma experiência. Podemos nos enganar se nutrimos esperanças genuínas, do mesmo modo que podemos nos enganar se estamos profundamente angustiados. A pessoa pode descobrir, por exemplo, que não está nem

---

45 Ver Day, "Hope", op. cit., p.98.

um pouco deprimida pelo fracasso retumbante das suas expectativas, já que sabia inconscientemente o tempo todo que o objeto delas era desimportante ou inalcançável. Ou talvez ela tivesse esperança porque imaginava que era isso que se esperava dela.

Chamar a esperança de virtude é afirmar que ela é uma disposição, não uma experiência. Tomás de Aquino define sua versão teológica como "uma disposição de espírito", embora ele a diferencie da esperança comum, que classifica, juntamente com o medo, a tristeza e a alegria, entre os principais sentimentos.[46] A exemplo dos escoteiros, John Stuart Mill se refere à virtude como uma disposição que "estimula as faculdades e mantém todas as energias ativas em bom funcionamento".[47] Descartes considera que a esperança é uma disposição da alma para ser convencida de que aquilo que se deseja irá acontecer. Como qualquer virtude, é um hábito adquirido de pensar, sentir e agir de uma determinada maneira. Ela precisa fazer parte de uma forma de vida, não ser simplesmente um acontecimento único. Existe uma diferença entre ser paciente e ter a virtude da paciência. Quem fica sóbrio só uma vez na vida não pode reivindicar a virtude da temperança. Além disso, hábitos e habilidades não são experiências. Para começar, um indivíduo normalmente esperançoso não é aquele que experimenta determinadas sensações, mas aquele que está predisposto a agir e reagir de forma afirmativa com relação ao futuro. Nessa medida, ele se parece com o otimista; porém, praticar a virtude da esperança não significa necessariamente supor, tal como faz o otimista, que as coisas vão dar certo. Na verdade, existe mais mérito em conservar a esperança quando as perspectivas são desanimadoras. Além disso, o esperançoso precisa ser capaz de espreitar dentro do abismo de um possível desastre, algo que o otimista geralmente hesita em fazer. Ele também precisa ser capaz de apresentar motivos para a sua esperança (uma fé geral na humanidade, por exemplo), ao passo que o otimista

---

46 Aquino, *Summa Theologiae*, v.33, op. cit., p.3.
47 Mill, *Theism*, p.163.

temperamental não sente a necessidade de justificar sua natureza confiante, e, na verdade, é incapaz de fazê-lo racionalmente.

Se a esperança fosse simplesmente um sentimento, ela não seria considerada uma virtude, tal como é considerada tanto por Agostinho como por Tomás de Aquino. Podemos ser elogiados por termos uma virtude, não por termos um sentimento, pelo menos se o elogio for espontâneo. Gente que faz de tudo para sentir perdão pode ser parabenizada por seus esforços, mas ser instintivamente compassivo, por mais que isso resulte num bem moral, não é por si só uma conquista moral, porque não é, de modo algum, uma conquista. A esperança é uma questão de mérito porque pode ser cultivada por meio da prática e da autodisciplina. Ernst Bloch está certo em sustentar que a esperança precisa ser aprendida. Chamá-la de virtude é afirmar, entre outras coisas, que ela contribui para a felicidade humana. Segundo essa teoria, devemos ser esperançosos porque condiz com a nossa autorrealização ser assim. Devemos ter esperança, ao menos quando é razoável agir assim, mais ou menos como não devemos golpear a perna com uma faca de açougueiro nem ficar roxo de inveja com as realizações dos outros. Não é uma opção ou um capricho subjetivo. Alguns críticos rejeitam essa afirmação alegando que a esperança é uma forma de desejo, e o desejo geralmente não está sob o nosso controle. Normalmente não escolhemos o que queremos. Na verdade, nenhuma das três versões teológicas é uma questão essencialmente de vontade. Talvez aqueles que se opõem à ideia de que devemos ter esperança subestimem o quanto ela pode ser ativamente cultivada. No entanto, mesmo se a esperança é uma obrigação, isso não significa que temos o dever de ser eternamente alegres, ou de ter esperança quando isso é claramente inútil. É verdade que existe um contexto no qual os cristãos normalmente tem esperança, por mais triste que pareça a situação, mas isso é porque eles consideram razoável se sentir assim devido à promessa da ressurreição.

Vale a pena observar que a esperança é um tipo de virtude que envolve um conjunto de qualidades igualmente respeitáveis:

paciência, confiança, coragem, tenacidade, resiliência, indulgência, perseverança, resignação, entre outras. Lutero define isso como "coragem espiritual".[48] O filósofo Alain Badiou enxerga a esperança principalmente em termos de paciência e persistência, como "um princípio de tenacidade e obstinação".[49] É uma forma de "fidelidade à fidelidade", o modo pelo qual nos apegamos à nossa fé durante os acontecimentos mais difíceis e turbulentos. O otimismo temperamental, por outro lado, não tem nenhuma utilidade para a maioria das virtudes tipicamente associadas à esperança. Por ser um acontecimento espontâneo, ele não vê nenhuma necessidade de estimular esses hábitos morais.

É possível diferenciar a esperança do desejo em geral, como vimos fazendo, e, ao mesmo tempo, reconhecer que a primeira é, num sentido amplo, uma modalidade do segundo. *Grosso modo*, a esperança é composta de desejo mais expectativa. É possível ter expectativa sem desejar, mas não é possível ter esperança sem desejar. Podemos esperar por algo que é simultaneamente louvável e desagradável (que o melhor jogador ganhe, por exemplo, quando ele visivelmente não é você), ou gratificante e desagradável (ser punido pelos próprios crimes, por exemplo), mas não existe esperança sem desejo. O desespero nega a esperança, mas não o desejo: alguém desesperado pode desejar vivamente abandonar esta vida para se juntar ao companheiro morto, como ressalta Jayne Waterworth. Embora a esperança, como já vimos, pertença à categoria de desejo que denominamos de racional, isso não significa que ela seja sempre saudável ou legítima. Embora ela seja uma espécie de desejo moralmente aprimorado, ao contrário de um simples apetite, isso não quer dizer que ela precise ser moral no sentido positivo do termo. Você pode esperar que todos os menores de sete anos sejam exterminados, ou que os críticos que detonam seu livro ardam no inferno. O fato de esperarmos por algo

---

48 Lutero, *What Luther Says*, p.668.
49 Badiou, *Saint Paul: The Foundation of Universalism*, p.93.

que nos pareça desejável não significa necessariamente que ele seja, nem que nós mesmos acreditemos que valha a pena consegui-lo. Podemos reconhecer que aquilo pelo qual esperamos é inútil ou pernicioso e continuar esperando.

Vale a pena sublinhar a última situação, já que existe uma ilusão disseminada de que a esperança é, de algum modo, valiosa em si mesma. Ela é um termo enganosamente positivo, como "família", "imaginação" ou "futuro". Tomás de Aquino, porém, nos lembra que existem aspirações falsas ou mal-intencionadas, um aspecto que Ernst Bloch poderia ter levado em conta de maneira proveitosa bem mais do que faz. Quem pode dizer que a chegada de Godot não pode se revelar catastrófica? O hino nacional britânico deixa registrada a sua esperança de que os inimigos do monarca serão destruídos, um sentimento estranho para uma nação supostamente cristã. Talvez uma das razões pelas quais nós pensamos instintivamente que a esperança é algo positivo seja porque ela envolve a imaginação, uma faculdade que é considerada, de acordo com uma venerável tradição romântica, um bem inequívoco. Mas existem usos nocivos e benéficos da imaginação. O genocídio exige uma aplicação bastante habilidosa dela.

Tanto a esperança quanto o desejo podem ser cuidados e nutridos, aprendendo a assumir como seu fim o que é objetivamente bom; e, em ambos os casos, isso exige a intervenção da razão. A razão não entra na foto somente quando se trata do modo de realizar nossas esperanças ou desejos, como Hobbes e Hume imaginam; ela precisa estar presente, embora de modo velado, desde o princípio. Tucídides diferencia a esperança da razão, mas uma oposição muito acentuada entre elas certamente é um equívoco.[50] "Existe alguma esperança?" significa "É razoável ter esperança?" Na maioria das vezes, os estados de desejo são cognitivos na medida em que eles se envolvem com ideias. É verdade que podemos sentir um desejo desconhecido, um pouco

---

50 Para uma discussão sobre esse aspecto, ver Bultmann; Rengsdorf, *Hope*, p.4-5.

como podemos sentir medo sem ter ideia do que é o nosso medo; mas não é possível sentir um desejo ardente por algo que não podemos descrever. Isso não significa negar que existem formas de desejo com um baixo conteúdo cognitivo (ser tomado por uma vontade de bocejar, por exemplo), e outras modalidades dele (digamos, querer ver um grande número de banqueiros atrás das grades) em relação às quais isso está longe de ser verdade. A esperança, igualmente, pode ser puramente banal, como quando esperamos não espirrar no momento da nossa morte; ou ela pode ser um caso extremamente cognitivo, envolvendo conhecimento, crença e compreensão, do jeito que o nojo ou a irritabilidade obscura não faz.

É isso que Ernst Bloch chama de *docta spes*. Esse tipo de esperança é uma orientação moral, não apenas um desejo ou um impulso espontâneo. A razão não pode florescer sem a esperança, escreve Bloch em *O princípio esperança*, e a esperança não pode florescer sem a razão. Talvez a esperança envolva a razão mais profundamente do que outras modalidades de desejo porque, como vimos, seu objetivo precisa ser exequível, e essa exequibilidade pode exigir uma avaliação criteriosa. Também vimos que a esperança envolve um tipo de planejamento ou projeção, no sentido de uma articulação criativa entre o presente e o futuro, e isso também tem seus aspectos racionais. Um bebê pode desejar ser alimentado, mas ele não pode ter a esperança de que isso aconteça. Denys Turner escreve sobre "aquele poder de conduzir a continuidade do desejo através dos fios sobrepostos geralmente complexos das necessidades racionalmente conectadas" que Tomás de Aquino chama de *voluntas*, e que representa uma concepção mais rica da vontade que o tipo anêmico de voluntarismo característico da época contemporânea.[51] Também se pode descrever a esperança em algo semelhante a esses termos.

Se a esperança envolve a razão, o que fazer com o célebre *slogan* político de Gramsci "pessimismo da razão, otimismo da vontade"? A

---

51 Turner, *Thomas Aquinas*, op. cit., p.175.

máxima é uma advertência para que a esquerda política não permita que a sua avaliação realista dos problemas enfrentados por ela enfraqueça a sua determinação. No entanto, será que a dissonância cognitiva é realmente a melhor política? As duas habilidades são tão facilmente dissociáveis? Elas podem, certamente, ser separadas até determinado ponto. Você pode considerar, por exemplo, que as coisas vão dar certo, mas esperar que não deem, o que é mais ou menos o contrário do que Gramsci recomenda. Não há dúvida de que, no geral, Gramsci sabia muito bem que a vontade precisa estar racionalmente informada se quiser resultar numa ação construtiva. Levado ao extremo, porém, seu grito de guerra corre o risco de cair no voluntarismo ou mesmo no aventureirismo. Ele também pode se mostrar, no fim, rigorosamente impossível. Podemos agir positivamente mesmo quando consideramos que a situação é desesperadora, mas não podemos agir de maneira esperançosa se consideramos que ela é desesperadora.

A esperança pode ser um termo magnânimo e generoso, mas ela também pode ser um assunto mais rotineiro e banal. "Num sentido geral", observa Waterworth, "a esperança está incorporada na própria estrutura da ação".[52] Sabemos que alguém tem esperança não por meio da investigação de sua vida interior, mas por meio da observação daquilo que ele faz. O modo como ele acaba de arrebentar a janela da cozinha deixa claro que espera entrar na casa apesar de ter esquecido a chave da porta. Uma determinada forma de esperança de baixo nível e irrefletida está presente em toda a existência humana, assim como uma forma prosaica de imaginação. Não levaríamos o copo aos lábios se não tivéssemos uma vaga premonição, extraída de experiências anteriores, da grande probabilidade de que ele alcançaria seu objetivo. É nesse sentido que a esperança pode ser descrita como "uma estrutura existencial fundamental da vida".[53]

---

52 Waterworth, *A Philosophical Analysis of Hope*, op. cit., p.74.
53 Hooft, *Hope*, p.102.

O que é a esperança?

Para alguns críticos, porém, existe uma forma mais absoluta de esperança que mantém uma distância altiva dessas aspirações comuns. Em *Homo Viator*, uma das mais renomadas reflexões contemporâneas sobre a virtude, o filósofo Gabriel Marcel, decano do existencialismo cristão, afirma que a esperança "tende inevitavelmente a transcender os objetos específicos aos quais em princípio ela parece estar ligada",[54] o que lhe confere uma afinidade com o desejo no sentido psicanalítico. O desejo também é uma modalidade de transcendência, uma versão secularizada do absoluto tão radicalmente desassistida e sobrenatural como o próprio Todo-Poderoso. Para a teoria psicanalítica, todas as necessidades pessoais estão impregnadas de um desejo fundamental que se revela completamente intransmissível, e que, portanto, nunca pode ser saciado. Para o cristianismo, essa ânsia incondicional representa o modo que os seres humanos são direcionados para o seu Criador, e eles somente se sentirão realizados quando passarem a descansar nele. O sinal da sua presença na estrutura da vida deles é o subtexto de todas as ânsias específicas. "Todas as nossas esperanças naturais", escreve o teólogo Josef Pieper, "tendem a realizações que se parecem a projeções e prenúncios indefinidos da vida eterna, como se fossem preparativos para ela".[55] Veremos posteriormente que a filosofia de Ernst Bloch representa uma versão profana dessa visão paulina. Bloch, escreve um de seus críticos, "é o historiador do pré-surgimento da esperança absoluta ou total nas esperanças particulares".[56]

Se a mais leviana das esperanças é estimulada secretamente por um impulso utópico, também se pode dizer que o mais banal dos desejos esconde algo de sublime em seu âmago. A psicanálise herda da fé religiosa o conceito de desejo incondicional, mas abole a sua

---

54 Marcel, *Homo Viator: Introduction to a Metaphysic of Hope*, p.32. As referências de página subsequentes dessa obra serão apresentadas entre parênteses após as citações.
55 Pieper, *On Hope*, p.38.
56 Hudson, *The Marxist Philosophy of Ernst Bloch*, p.108.

origem objetal transcendente, convertendo assim a comédia da fé cristã no que pode ser considerada uma visão trágica. Agora não é a Deus, mas ao desejo insaciável por ele (em termos lacanianos, o desejo pelo Real) que juramos fidelidade, um desejo que pode ser tão absoluto e implacável quanto qualquer divindade. Nesse sentido, a ânsia por Deus assumiu algumas das propriedades que, segundo se acredita tradicionalmente, o caracterizam. Para Marcel, a esperança é uma capacidade infinita e incondicional que excede todos os objetos particulares e só pode ser destruída se for submetida à representação. "A esperança", escreve Marcel, "consiste em afirmar que existe no âmago da vida, para além de todos os detalhes, de todos os inventários e estimativas, um princípio misterioso que está em conivência comigo".[57] É difícil compreender como isso influencia sentimentos comuns como esperar que faça bom tempo ou que a taxa de juros mude.

O que Marcel chama de esperança absoluta não está baseado na experiência; na verdade, não a leva em conta, e surge das ruínas de todas as aspirações específicas. Ela despreza todo cálculo racional, não se impõe qualquer limite ou condição, conserva uma confiança inabalável e é imune à frustração, subsistindo "numa zona de absoluta segurança metafísica" (p.48). Por isso, ela representa uma recusa da história, não uma abertura audaciosa a ela. Como ela se mantém livre das condições materiais e nunca pode ser maculada, é difícil perceber como se diferencia do otimismo patológico. Esse tipo de esperança, com seu ar triunfalista, parece perigosamente próximo demais da arrogância.

Não surpreende, portanto, que *Homo Viator* tenha sido escrito por um intelectual e patriota francês durante a ocupação de seu país pelos nazistas, no momento em que a esperança da população podia descambar facilmente para a linha do pensamento positivo ou do sonho de invencibilidade. É impossível, Marcel declara, não acreditar que a França um dia será livre, já que o desespero seria desleal. É preciso

---

57 Marcel, *The Philosophy of Existentialism*, p.28.

O que é a esperança?

ter esperança, insiste, "apesar da vontade e da sabedoria" (p.67). Portanto, isso é o equivalente, no campo da esperança, ao fideísmo, no domínio da fé. "A esperança e a capacidade de avaliação da razão", Marcel insiste, "são basicamente diferentes" (p.65). Por ser uma questão de racionalidade instrumental, a razão não pode ter nada a ver com uma virtude tão respeitável. Por estar isolada da esfera empírica e, portanto, incapaz de ser intimidada, a esperança absoluta significa, para Marcel, uma espécie de certeza. Ela não representa apenas uma rejeição da história, mas uma negação da tragédia. Em vez de passar pela dissolução trágica, ela paira calmamente acima dela. Uma mãe que espera que o filho esteja vivo quando todos sabem que ele morreu, escreve Marcel, tem uma esperança "que ultrapassa o alcance da crítica objetiva" (p.66). Sugerir que seria mais respeitoso, no longo prazo, contar a verdade à mãe, certamente representaria, desse ponto de vista, uma capitulação vergonhosa às circunstâncias. O que *Homo Viator* realmente promove nessas passagens é a esperança como ideologia. É uma forma quase religiosa de se alegrar, solenemente insensível a qualquer contra-argumento. Pelo contrário, como não existe fé autêntica que não seja passível de dúvida, então uma esperança que não pode falhar se pareceria demais ao conhecimento definitivo para figurar como esperança. Esta não é uma fé ou uma esperança mantida com temor e tremor. Não é uma fé que pode assumir, com toda a seriedade, a queixa que Jesus fez na cruz a seu Pai.

Marcel desconfia da ideia de uma esperança específica ou definitiva porque ela é insipidamente empírica demais, um pouco como o messianismo do Derrida tardio ficaria desconcertado se o Messias fizesse qualquer coisa tão sombriamente determinada como retornar. Essa é a opinião privilegiada de quem não precisa de nenhuma forma palpável de redenção, e para quem a ideia da esperança como uma expectativa eterna e ilimitada de nada em particular exerce, provavelmente, alguma atração. A esperança precisa se manter vazia para não ser destruída. O único Messias que provavelmente não vai nos decepcionar é aquele que nunca aparece.

Para manter a fé de que os nazistas um dia serão derrotados, Marcel precisa alimentar uma esperança tão inabalável e intransigente que, por não ser nada em particular, é capaz de sobreviver a todas as perplexidades. A única forma viável de esperança nessa época melancólica precisa ser uma esperança que não tenha nome. "O tempo da esperança", escreve Andrew Benjamin numa linha semelhante, "se tornará a abertura – um intenso presente – que mantém o presente sempre em aberto, sempre sendo o irreconciliável".[58] A estranheza gramatical é um reflexo do raciocínio turvo. A abertura e a irreconciliabilidade são bens inadequados? Elas estão sendo propostas como valores absolutos? Abertura para um futuro de escravidão ou irreconciliabilidade com o não racismo? A promessa judaica original não é desse tipo nebuloso. É uma promessa de justiça para os pobres e liberdade para os oprimidos, uma visão que teóricos pós-estruturalistas como Andrew Benjamin provavelmente consideram desagradavelmente limitada. Ele desconfia daquilo que denomina uma "política e prática de conquistas",[59] embora aqueles que precisam de poucas propostas concretas para melhorar sua condição possam ter uma opinião diferente.

Mesmo assim, existe um tipo indefinido de esperança que não é tão vaga a ponto de ser vazia. É ela que Marcel chama de fundamental, em vez de absoluta. Essa esperança aceita as realidades do fracasso e da derrota, mas se recusa a capitular diante delas, e preserva uma abertura não especificada e não intencional para o futuro.[60] São Paulo fala que a esperança penetra "além do véu", querendo dizer que aquilo para o qual estendemos a mão está oculto de nós. Não se trata, à la Derrida, de abertura como um fim em si mesma, já que é

---

58 Benjamin, *Present Hope: Philosophy, Architecture, Judaism*, p.128.
59 Ibid., p.125.
60 Darren Webb faz uma distinção semelhante entre a esperança por um objeto específico e uma forma de esperança mais geral e ilimitada, que é, talvez, o que se queira dizer com "confiança". Ver "Modes of Hoping", *History of the Human Sciences*, v.20, n.3, p.65-83, 2007.

O que é a esperança?

possível explicitar parte do seu conteúdo. O objeto da esperança de Paulo pode ser indefinível, mas pelo menos ele pode lhe dar o nome de Deus. Mesmo assim, depreendemos das suas palavras que os cristãos nunca conseguem definir precisamente o que estão esperando. Por incrível que pareça, embora a própria esperança seja incontestável, como veremos num instante, seu objeto é obscuro. Ernst Bloch também defende que aquilo que esperamos é, em última análise, desconhecido para nós. A Epístola aos Hebreus fala que Abraão foi inspirado pela fé "sem saber aonde está indo", o que junta o específico com o vago, à maneira de São Paulo. Na mesma linha, Kant escreve em *A religião nos limites da simples razão* sobre aquele "que confia sem saber como aquilo que ele espera vai acontecer".[61] A confiança é inabalável, mas o método de obtenção não é. Existe uma diferença entre ficar na dúvida se a nossa esperança será realizada, como na frase "Espero que sim" (com a tácita cláusula adicional "mas não tenho certeza"), e um compromisso confiante num futuro que ultrapassa a nossa compreensão. Leibniz menciona uma forma de conhecimento inarticulado no qual conhecemos e não conhecemos algo simultaneamente, ou conhecemos aquilo potencialmente em vez de verdadeiramente. Dá gosto observar que o ex-secretário de Defesa norte-americano Donald Rumsfeld, com seu famoso discurso sobre "desconhecidos conhecidos", era, nesse sentido, um leibiniziano fervoroso, embora seja quase certo que ele ignorasse o fato.[62] É uma situação próxima da concepção de fé e de esperança de Paulo. Se soubéssemos precisamente o que estávamos esperando quando falamos de um futuro

---

61 Kant, *Religion within the Limits of Reason Alone*, p.159-60. Peters afirma que a ideia de esperança é muito mais importante para o pensamento de Kant do que se tem considerado geralmente, e argumenta que ela é, do seu ponto de vista, o tópico principal da filosofia da religião. Ver, de sua autoria, *Kant's Philosophy of Hope*.
62 Ao mencionar a política externa norte-americana, Rumsfeld fez uma distinção entre as coisas que sabemos e sabemos que sabemos, as coisas que sabemos que não sabemos, e as coisas que não sabemos que não sabemos. Ele ignorou outra variação – as coisas que sabemos, mas não sabemos que sabemos –, que é relevante para a teoria da ideologia.

diferente, ele não seria suficientemente distante daquilo que vemos ao nosso redor e, portanto, não seria suficientemente diferente. Talvez só venhamos a saber o que esperar quando o objeto da nossa esperança finalmente se revelar, do mesmo modo que, de certo modo, a psicanálise nos ensina o que desejar.[63]

T. S. Eliot escreve em *Quatro quartetos* sobre esperar sem esperança por medo de que a esperança fosse a esperança pela coisa errada. É uma ideia próxima do conceito heideggeriano de *Gelassenheit*, ou a noção de "espera ativa" de Marcel, por meio da qual descartamos qualquer projeto corajoso ou objeto definitivo em troca de uma abertura sensível àquilo que o mundo pode apresentar. Esse tipo de indeterminação está ligado a um tipo valioso de passividade. Os versos de Eliot podem rejeitar a esperança, mas, ainda assim, continuam comprometidos com um estado de espera um pouco amorfo. A realidade é esmaecida para que a possibilidade possa se iluminar, como nestes versos aprazíveis de "Ode a um rouxinol", de John Keats:

> Não posso ver as flores a meus pés se abrindo,
> Nem o suave olor que desce das ramagens,
> Mas no escuro odoroso eu sinto defluindo
> Cada aroma que incensa as árvores selvagens,
> A impregnar a grama e o bosque verde-gaio,
> O alvo espinheiro e a madressilva dos pastores,
> Violetas a viver sua breve estação;
> E a princesa de maio,
> A rosa-almíscar orvalhada de licores
> Ao múrmuro zumbir das moscas do verão.

---

[63] Sobre a ambiguidade da esperança cristã, ver Dupré, "Hope and Transcendence", em Whelan (org.), *The God Experiment: Essays in Hope*, p.219.

O que é a esperança?

D. H. Lawrence ("um dos queridinhos em forma de pênis", como Bloch o chama de maneira pedante) também tem um grande fascínio por essa postura de respeitosa receptividade que se recusa a impingir seus próprios objetivos e interesses ao mundo, mas que está disposta, como na doutrina keatsiana da capacidade negativa, a esperar humildemente na ignorância e na ambiguidade que um novo fluxo vital desconhecido apareça, sem buscar ansiosamente qualquer segurança ontológica. Para Lawrence, o ego não é algo que possamos dominar, mas um processo que manifesta sua própria lógica e se desenvolve de maneira harmoniosa. Se a coragem é uma virtude engajada, então ter a audácia de perder o controle é viver num estado paradoxal. Rupert Birkin, de *Mulheres apaixonadas*, está disposto a deixar que tudo desapareça, na crença de que uma nova e maravilhosa dispensação da vida irá surgir de suas ruínas. Ursula Brangwen se encontra nessa situação criativa e desamparada no final de *O arco-íris*. Erich Fromm escreve que "ter esperança significa estar pronto a cada instante para aquilo que ainda não nasceu, e, no entanto, não se desesperar se não houver nascimento durante a nossa vida".[64]

Em *O princípio esperança*, Ernst Bloch, que também acredita que o ego não é uma propriedade, considera o momento presente indescritível e não interpretável, um excesso que engana a teoria e, nesse sentido, uma prefiguração obscura do futuro. Temos uma antevisão do futuro em nossa própria incapacidade de apreender o presente impenetrável ou de destrinchar o enigma do ego. Se fôssemos realmente capazes de "alcançar o âmago das coisas", no verso engenhoso de Edward Thomas, certamente não nos veríamos na presença do futuro, mas da eternidade. Talvez o ócio, que resiste à tirania do tempo, seja uma das nossas maiores aproximações dele. Na opinião de Bloch, o "agora" pode ser vivido, mas não apreendido, e é nessa sensação de opacidade – nessa lacuna entre o empírico e o conceitual – que o contorno vago do futuro pode ser percebido. Fredric Jameson descobre

---

64 Fromm, *The Revolution of Hope*, p.13.

um hiato similar em Proust, para quem a matéria-prima do presente precisa ser recolhida tranquilamente e mediada pela arte e pela linguagem se quisermos que *Erlebnis* se converta em *Erfahrung* e a experiência seja vivida para valer como se fosse a primeira vez.[65]

Talvez a noite escura da alma lawrenciana, propriamente dita, seja mais uma questão de fé que de esperança. No entanto, na maioria das vezes, a esperança é o tempo futuro da fé, "fé em relação ao futuro", como diz Feurbach;[66] e se podemos estar atentos desse modo àquilo que pode ganhar forma de maneira imprevisível, o que é uma questão de fé, é em razão da confiança de que realmente haverá essas novas manifestações de vida, o que é uma questão de esperança. As duas virtudes estão intimamente entrelaçadas, e ambas se baseiam no amor. É a certeza de ser amado que nos permite assumir o risco da fé, uma fé que, ao voltar seu rosto para o futuro, se funde com a esperança.[67]

O teólogo Karl Rahner considera a esperança um abandono radical do ego, um compromisso com aquilo que reconhecemos estar fora do nosso controle e da nossa previsão. Nesse sentido, também, a esperança se parece com a fé, e, tal como ela, representa um desafio à ética da autoconfiança. Ela nos permite entrar no incalculável, uma vez que o familiar se rende ao desconhecido. É uma versão do que Lawrence chama de "aventura interminável na direção da consciência". Como observa Raymond Williams em *Cultura e sociedade (1780-1950)*, "Temos de planejar o que pode ser planejado, de acordo com a decisão comum. Mas a ênfase da ideia de cultura está correta quando nos lembra que uma cultura, basicamente, não pode ser planejada. Temos de assegurar os meios de vida e os recursos da comunidade. Mas o que então será vivido por meio desses recursos não é possível

---

65 Jameson, *Marxism and Form*, p.155.
66 Ver Feuerbach, *The Essence of Christianity*, p.236.
67 Fromm não consegue apreender corretamente a relação entre a fé e a esperança quando escreve que a esperança é "a disposição que acompanha a fé". Ver *The Revolution of Hope*, op. cit., p.15.

saber nem dizer".[68] O passado pode ser apreendido como uma realidade acabada, mas o futuro só pode ser conhecido *ambulando*, durante o processo da sua construção. Aliás, como os teólogos, Williams toma como certo que a esperança é, antes de mais nada, não a esperança para si, mas a esperança para nós.

Na opinião de Rahner, existe uma postura política implícita na entrega que está contida na esperança. Ao promover a confiança, a esperança nos permite "empreender um êxodo permanente do presente para o futuro".[69] "Submeter as estruturas do mundo a uma reavaliação e a uma crítica constantes", ele escreve, "é uma das formas concretas da esperança cristã, que, a exemplo da coragem de se comprometer com o incalculável e o incontrolável, nunca deve se apegar a nada da vida terrena de uma forma que se considere que, sem ela, o homem seria lançado de cabeça num vazio absoluto".[70] A esperança despoja todos os tempos por vir da sua falsa aparência de futuros absolutos. Para Rahner, existe realmente um futuro absoluto (o reino de Deus), mas seu papel é desfetichizar qualquer coisa para a qual olhemos com esperança, junto com o que já foi realizado. Portanto, a esperança é uma espécie de revolução permanente, cujo inimigo é tanto a complacência política como o desespero metafísico. Por não ter, em princípio, um objetivo, ela se recusa a transformar em ídolo qualquer cenário específico, o que não quer dizer que se recuse a avaliá-los. Como observa Jürgen Moltmann, a esperança nos mantém radicalmente irreconciliados com o presente, constituindo assim uma causa frequente de ruptura histórica.[71] Por outro lado, o teólogo mais conservador John Macquarrie desconfia do viés voltado para o futuro da esperança, alegando que ele pode estimular "esperanças utópicas

---

68 Williams, *Culture and Society, 1780-1950*, p.320.
69 Rahner, "On the Theology of Hope", op. cit., p.257.
70 Ibid., p.258.
71 Moltmann, *Theology of Hope*, op. cit., p.22.

irrealistas".[72] O excesso de conversa fiada sobre o futuro serve de consolo para a esquerda política, mesmo se o ceticismo em relação à esperança utópica venha, estranhamente, de quem supostamente acredita na ressurreição geral.

Se existe uma faceta passiva da esperança, seu oposto nesse aspecto não é tanto o desespero como a autodeterminação absoluta. Qual a necessidade da esperança quando podemos ser o criador de nós mesmos? Os antigos estoicos, que procuravam exercer um controle total sobre si mesmos, consideravam que a esperança continha tanto a dependência como a incompletude, e, portanto, a encaravam com desconfiança. *Rei Lear* tem tudo a ver com maturidade, paciência e perseverança, ao passo que devotados autocriadores como Macbeth e Coriolano, que procuram ser os únicos agentes do seu próprio destino, rejeitam toda dependência como ignóbil. Os vilões de Shakespeare normalmente não se deixam influenciar. A esperança, por outro lado, nos lembra aquilo que recusa o nosso controle. Dizer "Espero fazer isso" é admitir que existem limites ao nosso poder. Nesse sentido, a esperança e a humildade são parceiras. "Precisamos nos lembrar", escreve Epicuro, "de que o futuro nem é totalmente nosso nem totalmente não nosso, de modo que nem devemos confiar que é quase certo que ele aconteça nem desanimar que é quase certo que não".[73] Aqueles que são culpados do pecado da arrogância tentam dominar o futuro, enquanto aqueles que estão desesperados abandonam todos os esforços para torná-lo realidade. Se a esperança revela o limite dos poderes humanos, isso se deve em parte ao fato de ela não ser finalmente uma questão de vontade. Assim como não escolhemos desejar, assim também, de modo geral, não escolhemos ter esperança. É verdade que podemos às vezes nos convencer a nos sentirmos otimistas a respeito de um assunto específico, um pouco como alguém reprime

---

72 Macquarrie, *Christian Hope*, p.27. Para um levantamento geral da teologia da esperança, ver Alves, *A Theology of Human Hope*.
73 Citado em Bultmann; Rengsdorf, *Hope*, op. cit., p.17.

suas esperanças porque elas são irrealistas ou moralmente inaceitáveis, ou porque realizá-las pode dar muito trabalho. Podemos decidir que seria imprudente ter esperança, ou que simplesmente não valeria a pena. Nesse sentido, podemos decidir ter esperança um pouco como podemos decidir ficar de mau humor ou como podemos tentar parar de nos apaixonarmos. A pergunta de Immanuel Kant "O que eu posso esperar?" pode sugerir que a esperança está sob o nosso controle. Existe, porém, um limite a essa capacidade. Tal qual a inveja e o ódio, a esperança não é um estado de coisas que podemos ativar e desativar facilmente.

A esperança absoluta de Marcel pode ser uma forma de ideologia, mas existe um sentido mais sugestivo no qual a esperança pode ser incondicional. Trata-se da visão de que embora esta ou aquela aspiração possa dar em nada, é razoável conservar uma confiança básica na humanidade enquanto tal. Já que o futuro é imprevisível, não é prudente descartar a possibilidade de que um bem insondável possa surgir na plenitude dos tempos, ou mesmo nas próximas 24 horas. Pensem, por exemplo, na extraordinária década inicial do século XXI. Por volta da virada do século, havia um grande número de observadores que, no clima triunfalista da vitória do Ocidente na Guerra Fria e da sua economia ainda relativamente robusta, argumentavam que a história tinha chegado ao fim, que os acontecimentos grandiosos tinham se esgotado, que as alternativas de larga escala ao *status quo* estavam desacreditadas e que as grandes narrativas tinham acabado. O futuro seria simplesmente uma repetição do presente. Justamente nesse momento o World Trade Center veio abaixo, a chamada guerra ao terror começou, uma crise financeira de proporções espetaculares abalou o capitalismo mundial, inúmeros autocratas foram derrubados e uma série de povos se ergueu em massa contra seus governantes. Não é que esses acontecimentos vão resultar obrigatoriamente em algum aperfeiçoamento marcante, e sim que eles demonstram como é insensato confiar no que Martinho Lutero consideraria como determinados imperativos atemporais em vez de confiar nos azares da história. Se os imperativos atemporais eram metafísicos para Martinho Lutero, eles eram ideológicos para os mercadores do fim da história. Para Bertolt Brecht, por outro lado, o simples fato de ocorrer a mudança, mesmo que seja para pior, é uma proteção contra o desespero, pois se a história pode decair, ela também pode avançar.

Esperança fundamental é aquilo a que somos lançados de novo quando todas as esperanças específicas fracassaram, mais ou menos como o desejo, para a teoria psicanalítica, é o que resta quando tiramos dele todas as demandas específicas. Portanto, nem sempre é fácil diferenciá-la do desespero. O desespero absoluto, porém, não ocorre quando rejeitamos esta ou aquela esperança, mas a esperança enquanto tal. Na verdade, Kierkegaard defende que todo desespero é, de certo modo, absoluto, e que não reconhecer esse fato é uma forma de falsa consciência. "Ele pensa que está desesperado por causa de algo terreno", observa, "e, no entanto, seu desespero pertence ao eterno".[74] Contudo, assim como existe uma linha metafísica de desespero, também existe uma forma incondicional de esperança. Como José Saramago escreve em *O ano da morte de Ricardo Reis*: "Ter esperança, esperança em quê, Esperança, apenas esperança, e chega uma hora em que não existe nada senão esperança, e é então que descobrimos que a esperança é tudo". O romance sugere, num estilo marceliano, que existe um tipo de esperança absoluto e intransitivo, um viés básico ou uma inclinação natural do próprio ser que só se mostra plenamente quando todas as aspirações verdadeiras foram removidas.

Poderíamos alegar que esta é uma visão trágica, o que não significa necessariamente que ela seja pessimista. A tragédia diz respeito àquilo que, quando muito, sobrevive depois que a humanidade foi reduzida a quase nada. Qualquer resíduo que sobre, então, qualquer um que se recuse a desaparecer é o que seguramente pode servir de base. É por isso que nada gira sobre o próprio ser para se tornar algo. Como diz Ross em *Macbeth*: "Ou as coisas tornarão ao que

---

74 Kierkegaard, *The Sickness unto Death*, p.92.

eram dantes,/ Ou, se forem a pior, cessarão breve" (ato 4, cena 2). Em *Hope and History*, Josef Pieper argumenta, mais ou menos da mesma maneira, que existe uma forma fundamental de esperança que só fica clara com a possibilidade do desespero absoluto, no sentido da rejeição da vida humana propriamente dita. Só então, ultrapassadas todas as esperanças específicas e plenamente consciente da fragilidade delas, é que essa essência absoluta de esperança pode se manifestar. "A esperança", escreve Gabriel Marcel, "... só pode criar raízes onde existe a possibilidade de perdição".[75] Esta é uma das várias maneiras pelas quais ela se diferencia do otimismo, para o qual a perdição é simplesmente inconcebível. O Abraão que leva a faca à garganta do filho tem esperança, mas hesitaríamos em descrevê-lo como alguém otimista.

O tipo de desespero que o cristianismo classifica como pecaminoso tem a ver com a rejeição da possibilidade de redenção de longo prazo, não com a conclusão de que este ou aquele esforço específico está claramente condenado. Um motivo pelo qual esse tipo de falta de esperança de mais longo prazo é considerado um defeito moral é que se pode considerar que ele desmoraliza os esforços dos outros. Ele pode sugerir que as aparentes vitórias deles são falsas e que eles estão predestinados ao fracasso, desmerecendo assim sua coragem e resiliência. Portanto, é possível abandonar uma situação e dá-la por perdida, enquanto conservamos uma confiança não específica no futuro, que é o que Marcel quer dizer com esperança fundamental. Essa esperança não tem um objetivo particular, mas é mais uma questão de abertura geral do espírito – o que um comentarista chama de "um tom ou uma disposição com a qual enfrentamos o futuro... uma simples perseverança ou uma expectativa sem objeto".[76] Ela se diferencia do otimismo em parte porque não é simplesmente uma questão de temperamento, e em parte porque está disposta a enfrentar a possibilidade da sua própria destruição. Talvez esse tipo fundamental

---

75 Marcel, *Being and Having*, p.91.
76 Godfrey, *A Philosophy of Human Hope*, p.3 e 34.

de esperança seja o que nos convença de que mesmo no meio de uma catástrofe a vida ainda vale a pena ser vivida. Pode ser que seja apenas uma questão de querer persistir – não em nome de algo específico, mas porque essa persistência é a pré-condição para que passemos a querer ou realizar algo específico. A vida é uma condição necessária, embora não suficiente, da esperança. A esperança fundamental ou incondicional é, portanto, uma espécie de metaesperança, a possibilidade transcendental de todas as nossas aspirações mais palpáveis.

Quando seu amigo Max Brod lhe perguntou se havia alguma esperança fora do mundo que conhecemos, Franz Kafka teria respondido que havia em abundância, até mesmo uma quantidade infinita dela – "mas não para nós". Talvez ele quisesse dizer que o universo, tal como o conhecemos, é fruto do mau humor de Deus, tendo sido criado num dia ruim, e que, se naquela ocasião o humor dele fosse menos pessimista, as coisas na Terra teriam sido menos terríveis. Ou talvez ele quisesse dizer que existem outros mundos nos quais as coisas são muito menos terríveis neste exato momento. A humanidade pode ter perdido a possibilidade de redenção devido a um desalinhamento minúsculo das forças cósmicas. Lembro-me da crença judaica mística de que, quando o Messias chegar, ele transformará tudo fazendo alguns ajustes secundários. Por um lado, a afirmação de Kafka torna a nossa situação mais pungente, já que realmente pode ter havido motivos de esperança; por outro, ela mitiga esse *páthos* ao sugerir que pode haver esperança em abundância em outro lugar. "Esperança em abundância, mas não para nós" poderia muito bem ser o lema de alguns dos personagens de Tchekov, que olham para uma felicidade futura da qual eles sabem que estarão excluídos.

Dizem que aqueles que tiram a própria vida estão desesperados. No entanto, isso precisa ser mais bem matizado. Alguém que comete suicídio não precisa estar convencido de que a vida, enquanto tal, não tem valor. Pelo contrário, ele pode acreditar que é plenamente justificável ter esperança, mas que essa expectativa não é para ele. Ou ele pode compreender que existe motivo para ter esperança, mas não sentir que existe. Ele pode considerar que seus problemas poderiam desaparecer, mas se achar incapaz de esperar que isso aconteça. O sofrimento é insuportável demais para que ele espere por uma mudança mais favorável no rumo dos acontecimentos. Gabriel Marcel se refere ao desespero como uma forma de impaciência, mas o fato de alguém ser incapaz de continuar esperando pode ser simples realismo. Portanto, o ato suicida não implica necessariamente um desespero absoluto, tanto em relação a si mesmo como em relação à humanidade em geral, o que não significa negar que existem circunstâncias em que o desespero absoluto, no sentido de uma rejeição incondicional da esperança, pode ser totalmente racional. Sucumbir a esse estado é considerado, muitas vezes, uma fraqueza moral, mas há ocasiões em que isso é certamente a última palavra em lucidez. Um médico pode, racionalmente, perder a esperança de curar um paciente terminal.

Suicídio é uma questão de esperança. A pessoa se mata com a expectativa de parar de sofrer. Pode-se até esperar pela destruição de toda a espécie humana, nos moldes do filósofo político John Gray. "O *homo sapiens*", ele escreve, "é apenas uma das inúmeras espécies, e, obviamente, não a que vale mais a pena preservar. Mais cedo ou mais tarde, ela estará extinta. Quando ela desaparecer, a Terra irá se recuperar. Muito depois que os vestígios do animal humano tiverem desaparecido, muitas das espécies que ele se dedica a destruir ainda estarão por aqui, ao lado de outras que ainda não surgiram. A Terra se esquecerá do gênero humano. O teatro da vida seguirá em frente".[77] Para o cristianismo, a esperança vai muito além do humano, mas não além da espécie humana propriamente dita, como é o caso de Gray. A antevisão de nossa própria não existência pode trazer consigo um tipo estranho de paz, como acontece com Schopenhauer. Ela implica uma abnegação serena do ego que se aproxima do estético. Desse ponto de vista, a forma mais valiosa de esperança é a esperança

---

77 Gray, *Straw Dogs*, p.151.

por uma situação em que toda a esperança se tornou impossível, já que não sobrou ninguém para ser o objeto dela. Isso não é necessariamente um conselho desesperado. Pelo contrário: quando a humanidade tiver desaparecido, a vida pode encontrar seu caminho, livre desse obstáculo passageiro ao seu florescimento. D. H. Lawrence tinha um ponto de vista semelhante.

A esperança fundamental se apega a uma convicção obscura de que, em última análise, a vida vale a pena ser vivida. No entanto, não é certo que isso seja assim. Como Schopenhauer tem o descaramento de ressaltar, existe um grande número de homens e mulheres que estariam melhor mortos que vivos. Pode muito bem haver circunstâncias (uma devastação nuclear e um planeta irremediavelmente envenenado, por exemplo) em que, quando se trata de seguir em frente como espécie, as objeções certamente não seriam de pequena monta. A vida não é valiosa em si mesma, no sentido de que não é obviamente preferível estar vivo em vez de morto. É improvável que alguém com um sofrimento crônico e desumano acredite que é. Não é verdade que onde há vida há esperança, embora o contrário seja certamente verdade. Uma humanidade condenada a um futuro de sofrimento e privação, sem nenhuma esperança plausível de alternativa, pode muito bem achar melhor pôr fim à malfadada experiência. Nessa medida, o conceito de esperança fundamental pode acabar se mostrando infundado, pelo menos fora de um contexto religioso; embora o fato de não podermos ter certeza disso, já que não podemos prever o futuro, possa ajudar a sustentá-lo. Veremos posteriormente, porém, que é possível não ter esperança e mesmo assim não se desesperar.

O que é desesperar, porém, é uma questão tão controvertida como o que é ter esperança. Não é o mesmo que se sentir desesperado, já que, como ressalta J. P. Day, o desespero tende a assumir a forma de uma inércia fatalista, e a desesperança, o de uma atividade frenética. Desesperar é não fazer nada a respeito da própria situação, ao passo que estar desesperado é estar disposto a fazer quase tudo.[78] Em sua grande fenomenologia do desespero, *O desespero humano*, Søren Kierkegaard descreve a condição em termos que antecipam a cultura da pós-modernidade. Como alguém que realiza a tarefa inacreditável de elevar o protestantismo à categoria de uma teoria, Kierkegaard considera que os indivíduos são chamados por Deus para o difícil projeto de se tornarem eles mesmos, um projeto que implica se basear – cada um de seu modo inimitável – em seu próprio Ser insondável. É difícil captar toda a força do seu espanto diante da ideia do ego individual, que simboliza para ele tanto o triunfo quanto o terror. Ele é constituído pela alegação absoluta que Deus faz para cada um de nós por toda a eternidade – pelo fato surpreendente de que seu Filho sofreu e morreu por *mim*, que a minha individualidade é tão irredutível e *sui generis* como o próprio universo, que eu cambaleio debaixo do fardo terrível e estimulante de ser responsável por esta entidade absolutamente única conhecida como eu mesmo, que só acontecerá uma vez no período incomensurável do tempo cósmico e que eu, e só eu, sou responsável por guiar ao paraíso ou à perdição.

Sobrecarregados com esse compromisso paralisante, não surpreende que os homens e as mulheres fujam dele para uma forma de identidade menos grandiosamente intimidante, recusando-se a se tornar o indivíduo para o qual têm sido eternamente chamados e, em vez disso, se voltando para um modo de vida mais gratificante e acessível. Sujeitos autocriados desse tipo desistem de se apropriar da individualidade que é realmente deles – uma individualidade que está, por assim dizer, reservada para eles no Céu –, e, em vez disso, escolhem inúmeras formas fantásticas, hipotéticas e improvisadas de identidade, passando a existir arbitrariamente naquilo que Kierkegaard chama de modo "ficcional", depois se dissolvendo de forma caprichosa no nada. Como o sujeito pós-moderno, eles são argila em suas próprias mãos, inebriados com a mera possibilidade. Esses

---

[78] Day, "Hope", op. cit., p.98-9.

homens e mulheres anseiam por reinar sobre si mesmos; mas, como o ego se volatilizou, eles se encontram na posição pouco invejável de monarcas absolutos sem um país. E isso significa viver numa espécie de desespero. Segundo Kierkegaard, a contradição que esses homens e mulheres não conseguem suportar é que a verdadeira autonomia humana está baseada na dependência de Deus – uma dependência que, como qualquer outra forma de evidência ou restrição, determinação ou necessidade, essas mentes arrogantemente libertárias só podem considerar um obstáculo intolerável. Eles não podem aceitar o fato de que não pertencemos a nós mesmos, e que somente com base nisso é que qualquer identidade autônoma pode florescer. Esta é, aliás, uma crença suficiente por si só para refutar qualquer visão de Kierkegaard como um "existencialista".

No entanto, os indivíduos mergulhados nessa situação difícil são incapazes de escapar inteiramente dos seus egos verdadeiros ou eternos, um fato que, para Kierkegaard, alimenta uma forma diferente de desespero. Como eles querem ser o que não são, acabam não querendo ser. O que eles anseiam é a morte; mas, na visão de Kierkegaard, a morte está fora de questão, já que o núcleo do ego é eterno. A morte é a esperança para o crente, mas o inferno para quem está desesperado. "A desesperança [do desespero]", escreve Kierkegaard, "é que mesmo a última esperança, a morte, se foi".[79] Pressionado ao extremo, esse desejo de ficar livre da vida assume uma forma demoníaca. É a condição daqueles que se enfurecem contra a simples realidade da existência, desgostosos com o escândalo de que exista algo, e, por isso, revoltados contra aquilo que Tomás de Aquino considerava como a bondade intrínseca de Deus.[80] Esses demoníacos são cínicos e niilistas para os quais a própria noção de significado é uma afronta, a própria ideia de valor, falida e fraudulenta. Tomados por uma raiva obstinada contra o mundo, eles se comportam como crianças

---

79 Kierkegaard, *The Sickness unto Death*, op. cit., p.48.
80 Para saber mais sobre essa condição, ver Eagleton, *Sobre o mal*.

vingativas profundamente desiludidas com a incompetência dos pais. Contudo, embora anseiem pela destruição, eles também pretendem continuar vivos para cuspir na cara de Deus e esfregar seu nariz na futilidade ridícula da sua Criação, da qual eles próprios estão entre os exemplos mais vistosos.

Essa forma perversa de desespero, Kierkegaard observa,

> nem mesmo deseja se separar de maneira desafiadora do poder que o instituiu [isto é, Deus]; ela deseja, por puro despeito, pressionar a si mesma contra esse poder, importuná-lo, se agarrar a ele por maldade... Ao se revoltar contra toda a existência, ela pensa ter reunido provas contra a existência, contra a sua bondade. Quem está desesperado pensa que ele próprio é essa prova, e é isso que ele quer ser: é por esse motivo que ele quer ser ele mesmo, ser ele mesmo em sua agonia, para protestar com essa agonia contra toda a existência.[81]

Resumindo: a consolação seria a destruição dos condenados. É a sua índole vingativa obscenamente gratificante que os mantém vivos. Os condenados se apegam ao seu sofrimento como uma criança ao seu cobertor, exultando em sua agonia, desprezando todas as ofertas de salvação como uma afronta à sua dignidade espiritual, e preferindo uma vida de angústia ao horror do não ser. É como se a sua incapacidade de morrer fosse o nada no núcleo do ego que o sustenta numa existência falsa. São a doença e a autoviolência que os mantêm ativos.

Se um tipo de desespero consiste em mergulhar na possibilidade, outro se encontra em sua total rejeição. Na opinião de Kierkegaard, existe uma carência do Real no núcleo do ego que é onde a presença de Deus se faz sentir, e enfrentar esse abismo terrível é o único caminho para a esperança. Aqueles que acolhem esse vácuo sublime com temor, porém, sempre podem encontrar refúgio contra ele na falsa consciência das massas. "Pouquíssimas pessoas", ele observa, "vivem

---

81 Kierkegaard, *The Sickness unto Death*, op. cit., p.105.

suas vidas, em qualquer grau que seja, na categoria do espírito".[82] A maioria dos homens e mulheres existe num estado de imediatismo frenético, ao passo que para os poucos conscientes refinados o ego está lançado numa eterna crise. As massas viram as costas para os riscos e as apostas da individualidade, incapazes de participar da perigosa aventura que é a fé, e, em vez disso, se inspiram nos costumes sociais tradicionais. Numa mercantilização do espírito, cada indivíduo é "desgastado até ficar tão liso como um seixo, tão permutável como uma moeda do reino".[83] Essa é a esfera do *das Man* de Heidegger ou da *mauvaise foi* de Sartre, na qual homens e mulheres mal se dão conta de si mesmos como os únicos sujeitos que sentem qualquer tipo de desespero. Para Kierkegaard, porém, o desespero pode ser tanto uma condição objetiva como subjetiva. Viver no imediatismo e na ilusão é ser privado de esperança, e ignorar o fato é um sintoma dessa doença. Na verdade, o desespero nesse sentido é, para Kierkegaard, um fenômeno de massa, tão conhecido como a chuva ou o sol. Existem muitas pessoas que se consideram satisfeitas, mas que realmente estão em maus lençóis, um pouco como quem acredita que está bem de saúde, mas na verdade está com uma doença terminal. Na opinião de Kierkegaard, é como se a maioria das pessoas do planeta estivesse atormentada por uma doença invisível que elas ignoram completamente, sobretudo porque ela usa o pseudônimo de felicidade.

Existe um consenso entre os teóricos de que não é possível esperar por algo que temos certeza de que acontecerá.[84] A esperança e o conhecimento aparentemente se excluiriam mutuamente, mais ou menos como acontece com a fé e o conhecimento na heresia fideísta.

---

82 Ibid., p.88.
83 Ibid., p.64.
84 Ver, por exemplo, Dauenhauer, "Hope and Politics", *Philosophy Today*, v.30, p.93, verão 1986.

O que é a esperança?

A frase "Espero que sim" geralmente implica incerteza. É menos enfática que "Penso que sim", que, por sua vez, é menos enfática que "Eu sei". Para Espinosa, a esperança está misturada com o medo, justamente porque seu objeto é indefinido. Thomas Hardy escreve em *Longe da multidão* a respeito da "fé que descamba em esperança", querendo dizer, provavelmente, que a fé é um pouco inferior ao conhecimento, e a esperança uma disposição ainda mais frágil que a fé.

Existe certamente um problema com a frase "temos certeza de que acontecerá". Num universo não determinista não existe o que irá acontecer, no sentido daquilo que ocorrerá inevitavelmente seja qual for a nossa decisão. Este é um dos motivos pelos quais Deus, que dizem conhecer o futuro, não pode saber o que irá acontecer em Dallas na próxima segunda-feira às 18h27, no sentido de estar fadado a acontecer nessa ocasião. Num mundo sem limites, esse objeto do conhecimento não existe; e se Deus conhece o mundo, então ele precisa conhecê-lo tal qual é, com sua liberdade, autonomia e contingência. Ele não pode saber o que irá inevitavelmente acontecer mais ou menos do mesmo modo que não pode saber com o que se pareceria um conceito castanho-avermelhado ou uma garrafa de Borgonha de direita. Por ser onisciente, ele certamente sabe o que eventualmente vai acontecer em Dallas na próxima segunda-feira, mas essa é uma questão diferente. Como veremos num instante, ele também tem certeza de que seu reino virá, mas isso não é igual a saber que existe um tornado se formando ou uma crise econômica batendo à porta.

Porém, mesmo num sentido menos rigoroso da frase "o que irá acontecer", não está claro que ter certeza do que vai acontecer significa que também não podemos esperar por aquilo. Peguem o estigma do socialismo científico, predominante no final do século XIX, para o qual a chegada de um futuro socialista estava assegurada por algumas leis históricas pétreas, e era, portanto, objeto de certeza cognitiva. Isso certamente não significava que não podíamos mais esperar por esse futuro, no sentido de olhar para ele com uma expectativa ansiosa, impacientes por sua chegada, e continuando a nos apegar a essa certeza no meio das dúvidas. "Muito embora as coisas pareçam ruins, continuo convencido de que elas darão certo" matiza a esperança com um grau de certeza. Um althusseriano pode afirmar que poderíamos ter certo conhecimento no nível da ciência ou da teoria, mas ainda assim se sentir esperançoso do ponto de vista da ideologia. Talvez possamos ter esperança por algo que acreditamos estar fadado a acontecer, mais ou menos como podemos sentir remorso por um passado que admitimos ser inalterável.

Embora não tenham dúvida quanto ao advento do reino de Deus, os cristãos consideram que esperar por ele é uma virtude. Ao contrário do uso comum da frase "Espero que sim", ele depositam sua confiança em algo que estão certos de que acontecerá. Esperança, para São Paulo, significa esperar com paciência, alegria e confiança pela vinda do Messias. Para Leibniz, a esperança é baseada em seu otimismo cósmico e, portanto, é incontestável. Já que uma divindade misericordiosa organizou todas as coisas com um objetivo benéfico, a esperança se transforma numa tranquila certeza. Numa modalidade mais secular, Condorcet sonha com um futuro de paz, igualdade e perfeição humana, enquanto considera que o advento dessa ordem social é praticamente certo.[85] Por outro lado, o uso diário da frase modifica qualquer expectativa clara, mais ou menos como as palavras "sem dúvida" passaram a modificar seu significado literal ("Sem dúvida ele esfregou a jaqueta várias vezes, mas as manchas de sangue continuaram claramente visíveis") e "certamente" adquiriu um tom mais interrogativo que peremptório ("Você certamente não está dizendo que ele jamais esfregou a jaqueta?"). O filósofo Alain Badiou se refere à esperança, com uma ortodoxia teológica impecável, em termos de certeza, e à fé em termos de convicção.[86] Ele compreende que, teologicamente falando, a fé não significa "Eu acredito que sim, mas não tenho certeza". O mesmo faz seu colega parisiense Jean-Luc

---

85 Ver Condorcet, *Sketch for a Historical Picture of the Progress of the Human Mind*, p.173.
86 Ver Badiou, *Saint Paul*, op. cit., p.15.

Nancy, que escreve que "fé não é crença... Fé é confiança, e confiança no sentido mais profundo, ou seja, uma confiança que, em última análise, não pode ser explicada ou justificada. E, no entanto, toda confiança é de algum modo justificada, porque se não fosse assim não haveria razão para confiar numa coisa e não em outra... A fé é se agarrar a uma convicção a respeito da qual nada é garantido".[87]

O *Dicionário de Inglês de Oxford* define esperança como um sentimento de expectativa e desejo, mas não menciona a incerteza. A única referência à esperança no Código Niceno – *expecto resurrectionem mortuorum et vitam venturi saeculi*[*] – não prevê a possibilidade de que a ressurreição dos mortos e a vida eterna não possam se concretizar. O verbo *expecto*, que significa contemplar ou ficar atento a, não contém nenhuma insinuação ou dúvida. Dizer "espero encontrá-lo amanhã" geralmente significa que você tem a expectativa de encontrá-lo, não que tem sérias dúvidas se o fará.

Se essa visão é inaceitável para um filósofo como Jacques Derrida, é porque ele considera a certeza apenas como uma questão de cálculo científico, um pouco como o pós-modernismo só a considera como dogmatismo. Se pudéssemos contar com o que está por vir, Derrida argumenta em *Espectros de Marx*, a esperança seria uma questão calculista e programática. Mas não existe nenhum motivo para elogiar os positivistas por terem levado em conta a sua versão reificada de racionalidade, só para continuar a rejeitá-la. Existem muitas formas de certeza além daquelas promovidas pelos racionalistas científicos: Boaventura menciona a esperança em termos da "segurança de uma certa credulidade" em vez do conhecimento evidente.[88] É verdade, como sugere Paul Ricoeur, que "temos de escolher entre a esperança e o conhecimento absoluto,[89] mas isso não significa que tudo que esti-

---
87 Nancy, *Adoration: The Deconstruction of Christianity II*, p.88.
  * Em latim no original: "E espero a ressurreição dos mortos e a vida do mundo que há de vir". (N. T.)
88 Citado por Von Balthasar, *Dare We Hope*, op. cit., p.87.
89 Ricoeur, "Hope and the Structure of Philosophical Systems", op. cit., p.64.

ver aquém do conhecimento absoluto tem de ser entregue aos céticos. Podemos ter a certeza de que estamos apaixonados, ou que Bach é um compositor melhor que Liam Gallagher ou que torturar bebês não é um ato dos mais louváveis. Derrida é um fideísta radical para quem a certeza é inimiga tanto da fé como da esperança. Mas a fé e a certeza só precisam entrar em conflito se a primeira concordar com uma versão fantasmagórica da segunda. Nicholas Lash ressalta que *A pobreza do historicismo*, de Karl Popper, equipara erroneamente a certeza com a previsibilidade científica, confinando-a à explicação em lugar da interpretação.[90] O cristianismo, por outro lado, ensina que a fé é um pouco inferior ao conhecimento completo, mas, não obstante, é uma forma de certeza. É verdade que precisamos nos contentar com a fé em Deus porque ainda não podemos encontrá-lo face a face, mas isso não é o mesmo que considerar que uma afirmação é hipotética porque ela ainda não pode ser cientificamente comprovada. A fé de Abraão em Deus não depende de se concordar com a teoria de que existe um Ser Supremo apesar das provas de essa afirmação serem inconclusivas. Ele certamente teria achado incompreensível qualquer concepção desse tipo. Ter fé na capacidade dos homens e das mulheres de resistir à injustiça não significa supor que essa capacidade existe. Na verdade, podemos aceitar que ela existe enquanto não temos a mínima fé em sua solidez.

Geralmente não falamos de ter fé ou esperança num conjunto de afirmações científicas. Esse tipo de conhecimento parece destituído desses atributos. Ele não tem nenhuma relação evidente com a confiança, o compromisso, o desejo ou a convicção. A afirmação de que não existem solteiros casados, ou de que os vulcanólogos previram mais uma vez corretamente a erupção do monte Etna não põe a individualidade de ninguém em jogo. Essas situações não nos colocam em risco. Podemos, corajosamente, pôr nossa vida nas mãos de engenheiros aeronáuticos, mas não nas mãos de assiriólogos.

---

90 Lash, *A Matter of Hope: A Theologian's Reflections on the Thought of Karl Marx*, p.62.

O que é a esperança?

É fácil imaginar, então, que se existe uma diferença entre a fé ou a esperança e a demonstrabilidade científica, as primeiras não devem passar de especulações precárias. Não se concebe que alguém que acredita no socialismo ou no feminismo poderia cometer esse erro, embora muitos socialistas e feministas o cometam em relação ao cristianismo. Seja como for, o filósofo C. S. Peirce afirma que o processo de aquisição de conhecimento implica esperança no progresso da própria atividade intelectual, e que, nesse sentido, a esperança é uma das "exigências indispensáveis da lógica".[91]

Tendemos a acreditar que as pessoas desesperadas estão tomadas por uma sensação de certeza, por mais lamentável ou infundada que ela seja, mas não as pessoas que têm esperança. No entanto, o serviço fúnebre da Igreja anglicana menciona a esperança "segura e certa" da ressurreição. Rudolf Bultmann e Karl Heinrich Rengsdorf escrevem a respeito da "espera confiante e da esperança determinada".[92] A verdade é que os cristãos têm esperança não porque o futuro é obscuro, mas porque ele é, num sentido um pouco inescrutável, bem fundamentado. A causa da sua esperança se encontra no Iavé que se identifica no tempo futuro nas Escrituras hebraicas ("Eu serei o que serei") e que não abandonará o seu povo. Nesse sentido, a esperança não é uma questão de pensamento positivo, mas de alegre expectativa, uma expectativa ainda mais admirável nas circunstâncias em que parece difícil de sustentar. Ela representa o que Jane Austen chama, em *Persuasão*, de "confiança alegre no futuro". Os Salmos prometem que a esperança não será destruída, enquanto São Paulo sustenta que ela não nos engana. Segundo um comentarista de Tomás de Aquino, sua visão da esperança contém uma "confiança inabalável [e] uma certeza vibrante" que estão distantes do otimismo superficial, "uma expectativa incansável e impaciente, marcada pelo entusiasmo e pela

---

91 Peirce, *Collected Papers*, p.357.
92 Bultmann; Rengsdorf, *Hope*, op. cit., p.13.

perseverança, com a certeza da vitória".[93] Para que essa frase final não soe desagradavelmente pretensiosa, devemos nos lembrar que, para a religião cristã, a soberba é um pecado igual ao desespero. Ela é o equivalente teológico do otimismo patológico. A fé em que a salvação está, em última análise, nas mãos de Deus, mas que os caminhos de Deus são insondáveis, é que permite que o crente espere sem triunfalismo. A vitória que é certa é o triunfo final da graça sobre os poderes nocivos deste mundo, não nosso assento pessoal no banquete celestial.

Resumindo: Tomás de Aquino se refere àquilo que ele considera como a tendência geral e irreversível da história pós-ressurreição, não ao destino de qualquer indivíduo específico. Quanto a isso, essa confiança precisa estar misturada com a dúvida e a ansiedade, já que ninguém pode ser um agente livre e mesmo assim ter certeza da sua salvação. Pode ser que exista amor e misericórdia em abundância, mas não para nós. Tanto o pretensioso como o progressista podem ser salvos sem precisar se esforçar demais, já que um final feliz está inscrito nas leis da história. Por outro lado, Paulo pode pregar que a esperança jamais engana, mas ele também insiste que é preciso trabalhar pela salvação. Para o Concílio de Trento, presunção significa se incluir entre os salvos com uma certeza absoluta e infalível, uma arrogância ou *perversa securitas* (na expressão de Agostinho) que provavelmente provoca a apatia espiritual. Certamente é por isso que Agostinho observa em seu comentário sobre os Salmos que a esperança é concedida somente aos humildes. Para a fé cristã, a esperança está baseada no amor e na misericórdia de Deus, e estes são, de fato, considerados incontestáveis. Eles pertencem àquilo que faz de Deus quem ele é. Nesse sentido, o cristianismo é uma doutrina muito mais determinista que o marxismo, algo que escapa às religiões conservadoras que

---

93 Aquino, *Summa Theologiae*, v.33, op. cit., p.161. O comentarista é anônimo. Para um balanço acadêmico de Tomás de Aquino a respeito da esperança, ver Conlon, "The Certitude of Hope (Part I)", *The Thomist: A Speculative Quarterly Review*, v.10, n.1, p.75-119, jan. 1947.

zombam do marxismo por ele estar supostamente comprometido com leis históricas pétreas. Não apenas o reino de Deus está predestinado a chegar, mas ele já o fez em princípio, com a ressurreição de Jesus; consequentemente, a humanidade está vivendo nos últimos dias. Porém, o fato de que tudo está basicamente bem com a história não implica que tudo esteja basicamente bem com qualquer participante específico dela, ou que os lobos de Wall Street vão se deitar com os cordeiros.

Josef Pieper, que considera a presunção uma "imitação fraudulenta" da esperança, pensa que ela é incapaz de reconhecer como é trabalhoso construir um futuro. Tal como acontece com os deterministas marxistas e os progressistas burgueses, o futuro para aqueles que presumem já está solidamente fixado. Quando o eleito espiritual foi salvo, já não pode haver mais desenvolvimento histórico mundial. Tudo que importa já aconteceu, ao contrário da visão marxista de que tudo que ocorreu até então é simples "pré-história", um preâmbulo terrível da história propriamente dita. Nesse sentido, a presunção não se diferencia muito do desespero, que, de modo similar, elimina a possibilidade de mudança. Como diz Pieper, o desesperado só enxerga a justiça divina, enquanto o presunçoso só olha para a misericórdia divina. Ambas são formas precipitadas de encerramento, congelando a história num destino imutável. Teologicamente falando, o desespero deixa de lado o fato de que o reino está fadado a acontecer, ao passo que a presunção esquece que ele não chegará sem o trabalho dos agentes humanos livres. Cada um à sua maneira, os dois pontos de vista relaxam a tensão entre o dado e o criado.

Em certo sentido, a esperança é performativa e optativa. Pode-se dizer o mesmo em relação ao desejo, que pode se empenhar para tornar realidade sua própria realização. Ter confiança num futuro específico pode ajudar a apressá-lo, mais ou menos como quem olha ao redor sorrindo em busca de amigos tem uma probabilidade maior de encontrá-los do que quem é grosseiro e rabugento. Ernst Bloch considera que essa esperança performativa é verídica no caso da revolução política, mas ela também pode ser visível em assuntos mais corriqueiros. Quem duvida de que irá se recuperar de uma doença grave tem uma probabilidade maior de sucumbir a ela do que quem não duvida. Não se comportar como se houvesse esperança pode ser se assegurar de que não há. Segundo esse ponto de vista, a esperança não é simplesmente uma antevisão do futuro, mas uma força ativa em sua criação. Como Shelley escreve em *Prometeu desacorrentado*, "ter esperança até que a Esperança crie/ Com seus próprios destroços aquilo que ela contempla". Os versos combinam uma visão trágica com uma visão performativa da esperança.

Tomás de Aquino, para quem a esperança não antevê simplesmente um bem futuro, mas se esforça para atingi-lo, defende que a esperança pode ajudar a nos concentrarmos na superação de um problema, e, graças à sua característica agradável, pode tornar uma ação mais eficaz. A mesma característica agradável também pode nos ajudar a persistir num projeto, fazendo que a esperança, como o medo, possa se tornar autorrealizável. Immanuel Kant, que acredita que ninguém consegue ser justo sem esperar por uma recompensa, também considera a esperança um motivo poderoso da ação virtuosa. Segundo ele, esperar pelo bem supremo é ser obrigado a exercer todos os seus poderes para concretizá-lo. Um pensador contemporâneo sobre o tema, para quem a esperança é um "compromisso ativo com a desejabilidade e a realizabilidade de um determinado objetivo", a considera uma atividade, não um estado de espírito.[94]

Por certo, não é que a esperança seja uma profecia autorrealizável através da qual atingimos nosso objetivo simplesmente por desejá-lo. Para Tomás de Aquino, isso diminuiria a dificuldade de alcançá-lo. A crença popular norte-americana de que se desejarmos intensamente conseguiremos o que queremos faz parte de uma herança ideológica de voluntarismo e idealismo centrada na vontade irresistível.

---

94 Shade, *Habits of Hope*, op. cit., p.70.

O que é a esperança?

Por causa de uma rima, a canção norte-americana "High Hopes" justapõe a frase "high hopes" a "high apple pie in the sky hopes",* o que, involuntariamente, entrega o jogo, já que até agora a ciência foi incapaz de confirmar a existência deste último fenômeno. Mesmo assim, o simples ato de ser capaz de imaginar um futuro alternativo pode distanciar e relativizar o presente, afrouxando seu controle sobre nós a tal ponto que o futuro em questão se torna mais factível. Esse é um dos motivos pelos quais a imaginação romântica tem uma ligação com a política radical. A verdadeira desesperança aconteceria quando essas fantasias fossem inconcebíveis.

Pode ser, porém, que o verdadeiro contentamento se encontre na desesperança absoluta. Essa desesperança não significa, necessariamente, desespero. Pelo contrário, ela pode se revelar seu remédio mais poderoso. Os estoicos ensinam que quem não voa alto demais não pode ser derrubado. Esta é uma mensagem que pode ser encontrada tão tardiamente como na ficção de Thomas Hardy. Um grande número de personagens de Hardy fracassa porque suas aspirações são irrealistas, enquanto outros fracassam porque percebem muito rapidamente que a sua situação é irreversível. Sempre é imprudente, em Hardy, tornar absoluta a própria perspectiva. Sempre pode haver um ponto de vista a partir do qual uma felicidade invisível de onde você se encontra pode ser vislumbrada. Nesse sentido, o fato de o mundo ser fragmentário e conflitante é um motivo de esperança. É melhor levar a vida com ironia, reconhecendo que aquilo que pode parecer importante para você é um mero pano de fundo para a vida de outra pessoa. Não esperar por algo impossível é se preservar contra a própria ruína. O contrário da esperança talvez não seja o desespero, mas um corajoso espírito de resignação. Espinosa, que descreve a esperança em Ética como "alegria instável" (instável por ser incerta), se volta tanto contra a esperança como contra o medo. O indivíduo racional

---
* "Grandes esperanças de torta de maçã no céu." (N. T.)

vive segundo o conhecimento seguro, enquanto a esperança é a ilusão do ignorante.

"A verdade é que", escreve um jornalista inglês que cumpriu vinte anos de uma pena de prisão perpétua, "para um condenado à prisão perpétua, a esperança é desgastante. Ela não o deixa dormir e pode te enlouquecer – é muito mais seguro não esperar nada e nunca ficar decepcionado".[95] "Para os vencidos só há salvação na esperança perdida", diz um verso da *Eneida* de Virgílio. Ninguém está mais isolado da ilusão que aqueles que foram completamente subjugados. A ataraxia, ou tranquilidade da mente, é mais bem preservada com a exclusão das possibilidades futuras. Assegurar que as nossas derrotas são secundárias é garantir que os nossos fracassos também são insignificantes. Se a boa vida se caracteriza pelo plácido autocontrole, é necessário abandonar tanto a esperança como o desespero, estados de espírito que nos tornam vítimas da passagem do tempo. Descartar o futuro é uma cura instantânea para a ansiedade. *A república* de Platão considera que a pessoa feliz é aquela que está imune às mudanças do destino, permanecendo placidamente em si mesma, em vez de correr o risco de se apegar aos outros. Aristóteles, por sua vez, argumenta tanto na Ética como na *Política* que uma vida sem risco e vulnerabilidade é uma vida empobrecida. Cícero escreve a respeito das pessoas afortunadas que "não ficam inquietas com nenhum medo, angustiadas com nenhuma aflição, perturbadas por nenhuma ansiedade nem se entregam a uma apatia voluptuosa por meio de êxtases de prazer".[96] Em *O mito de Sísifo*, Albert Camus nos aconselha a abandonar a esperança, pelo menos a de tipo religioso.

Para os estoicos, a solução mais gratificante para as humilhações da vida é a morte; mas esse objetivo sempre pode ser prefigurado no presente, na morte em vida ou na impassividade refinada daqueles que se violentam, tornando-se imunes tanto ao desejo quanto à desilusão.

---

95 Erwin James, *Guardian* (Manchester), 8 jul. 2013.
96 Cícero, *On the Good Life*, p.61.

O que é a esperança?

"Onde há morte, há esperança", observa Don Fabrizio em *O leopardo*, de Tomasi di Lampedusa. Se ela é a palavra de ordem do estoico, ela também poderia ser o lema do mártir. Para o estoico, ser virtuoso não é educar os próprios desejos, mas superá-los. O sentido da vida não é cortejar a Fortuna, mas desprezá-la. É a antítese da visão trágica, para a qual são os empreendedores e ambiciosos que têm a probabilidade maior de levar um tombo. "Ó desventurada raça humana quando excede a mediania", comenta o coro em *Filoctetes*, de Sófocles. Não arriscar nada, por outro lado, é nada perder. Devemos "permanecer num estado de tranquilidade", escreve Sêneca, "sem jamais sermos enaltecidos nem abatidos".[97] *Apatheia* é tudo. O preço da serenidade é uma certa monotonia redentora. O estoico está, ao mesmo tempo, presente e ausente do mundo, tanto vivo como morto, mergulhado em suas questões conturbadas e, no entanto, isolado de suas vicissitudes pela nobreza de alma. Aqueles que esperam estão presentes e ausentes num sentido diferente, já que estão divididos entre o que é palpável, mas imperfeito, e o que é inexistente, mas atraente, entre a insistência do presente e a promessa de um futuro. Schopenhauer considera que a esperança é a origem do mal, perturbando a nossa tranquilidade com falsas expectativas. "Todo desejo morre logo", ele escreve, "e, portanto, não pode gerar mais sofrimento [isto é, desapontamento] se a esperança não alimentá-lo".[98] Para Theodore Hickey, da peça *Piedade cruel* de Eugene O'Neill, abandonar a esperança significa que "você pode finalmente entregar os pontos. Deixar-se afundar até o fundo do mar. Descansar em paz. Você não tem de seguir em frente. Não sobrou nem uma única maldita esperança ou sonho para incomodá-lo" (segundo ato). Não é uma visão que se mostra particularmente fecunda para os vagabundos e beberrões que o rodeiam, ou, em última análise, para ele mesmo.

---

97 Sêneca, *Moral Essays*, v.2, p.215.
98 Schopenhauer, *The World as Will and Representation*, v.1, p.87.

Uma maneira alternativa de evitar o chamariz da falsa esperança é não suprimir os próprios desejos, mas satisfazê-los. Se pudéssemos viver permanentemente numa situação de completa realização, estaríamos livres de toda carência, portanto, de toda esperança, e, consequentemente, de toda decepção. Essa é a derradeira estratégia de Antônio e Cleópatra de Shakespeare, que, ao se saciarem plenamente a cada momento, procuram enganar o desejo derrotando o tempo. (Uma versão um pouco mais arrogante do projeto pode ser encontrada em alguns dos poemas de amor de John Donne.) As falas de abertura da peça mencionam que Antônio está "passando das medidas", como uma fonte que transborda mas que se renova continuamente. Yeats nos apresenta esta imagem na primeira estrofe de "Meditações em tempo de guerra civil":

> Certamente entre os gramados floridos de um homem rico,
> Em meio ao farfalhar de suas colinas arborizadas,
> A vida extravasa sem sofrimentos pretensiosos,
> E chove vida até o dique transbordar,
> E sobe até uma altura mais vertiginosa quanto mais chove
> Como se quisesse escolher a forma que deseja,
> E nunca se rebaixa a um estado mecânico
> Ou servil, se pondo à disposição dos outros.

É uma imagem de eterna abastança e reabastecimento. De modo similar, segundo Antônio, "Quanto mais o Nilo se avoluma,/ Maior a promessa" (segundo ato, cena 7). Cleópatra se refere à generosidade de seu amado como "um outono.../ Que aumenta com a colheita" (quinto ato, cena 2). Não existe carência aqui, logo, não existe desejo. Segundo Enobarbo, Cleópatra, "quanto mais dá alimento, mais a fome desperta" (segundo ato, cena 2), querendo dizer que o desejo é simplesmente um momento de saciedade que leva a outro. A plenitude gera ainda mais plenitude, numa situação que Wallace Stevens chama, em "Credences of Summer" [Credenciais do verão], de "esterilidade/ Da criatura fértil que não consegue mais se realizar".

Podemos dizer a respeito dos amantes da peça o que Florizel diz a respeito de Perdita em *Conto de inverno*: "Vosso modo de proceder,/ tão singular em cada caso à parte,/ tal como o mais recente, coroa vossos feitos./Desse modo, vossas ações em tudo são rainhas" (quarto ato, cena 3). Ou, como diz Otávio de forma um pouco mais desdenhosa, Antônio enche "o ócio com a sua volúpia", "por fugaz prazer" empenha todas as lições do passado (primeiro ato, cena 4). O que parece aos personagens epônimos da peça uma abençoada libertação do peso da história é, na visão conservadora de Otávio, uma lenta autofagia. A plebe volúvel, ele assegura, "se assemelha aos sargaços que boiam na corrente,/ sem direção nenhuma, servos sempre da variável maré/ e que com o próprio movimento se desfazem" (primeiro ato, cena 4), mas a descrição também poderia se aplicar à sua visão de Antônio e Cleópatra. Otávio não é um admirador daqueles que se aplicam ativamente a não chegar a lugar nenhum.

Para os amantes da peça, cada momento, por estar repleto de prazer, se torna absoluto, apresentando-se, assim, como uma imagem da eternidade. Viver intensamente, assim, é transcender a morte e a decadência, e, portanto, não ter esperança, no sentido de não ter necessidade dessa virtude. A expectativa é anulada junto com o futuro. Por outro lado, viver desse jeito é prefigurar a eternidade que a morte irá inaugurar, quando procuramos nos posicionar no presente no ponto estacionário do final dos tempos, e, ao antever a consumação da morte na *pleroma* do presente, a privamos dos seus terrores. Por isso é que Antônio, prazerosamente à vontade nas garras de Tânatos ou da pulsão de morte, fala em correr ao encontro da morte com toda a impetuosidade erótica do noivo que se dirige ao leito nupcial. Como cada momento é autônomo, não pode haver sequenciamento ou subordinação de um ao outro e, portanto, estão fora de questão projeto, causalidade, aspiração, antevisão e suas decorrentes frustrações. "Em progressivo aumento minhas forças estão, prognosticando-me as esperanças/ que elas hão de em breve chegar a seu nível máximo" (segundo ato, cena 1), se vangloria Pompeu; mas falar de crescimento, esperança, previsão e expectativa nessa peça é o discurso de Roma, não a linguagem do Egito. Como o tempo do prazer sensorial não é o tempo da ação humana, a história é abolida em Alexandria, exceto quando toca no ombro de Antônio na forma de uma convocação para a metrópole imperial. O sujeito do prazer é desobrigado da transformação histórica e da sequência temporal ("A eternidade estava em nossos lábios e em nossos olhos"), um pouco como as próprias figuras de Antônio e Cleópatra, que, por serem criaturas lendárias aos olhos do público de Shakespeare, assomam como monumentos de um presente atemporal.

3
O filósofo da esperança

Ernst Bloch é *o* filósofo da esperança, um pouco como Nietzsche é, sem sombra de dúvida, o filósofo do poder, e Heidegger, certamente, é o filósofo do Ser. Um dos grandes luminares do marxismo ocidental, ele é um dos mais desprezados dessa turma, um desprezo que pode estar relacionado ao fato de a sua obra-prima *O princípio esperança* ter quase 1.400 páginas na tradução inglesa. Portanto, a expectativa ansiosa por um fim, uma atitude que o livro retrata em termos utópicos, também pode ser uma experiência familiar para alguns de seus leitores. Mesmo Perry Anderson, cuja erudição talvez se equipare à do próprio Bloch, não faz nenhuma menção a ele no clássico *Considerações sobre o marxismo ocidental*.

A prosa bombástica e profética na qual parte da obra de Bloch é moldada não ajuda muito. Jürgen Habermas, que descreve seu estilo como "expressionista tardio", observa que "existem blocos erráticos de terminologia hifenizada, excrescências luxuriantes de alegorias pleonásticas e a aflição de um ar entusiástico".[1] Também existem

---
1 Habermas, "Ernst Bloch: A Marxist Romantic", *Salmagundi*, n.10-11, p.316, outono 1969-inverno 1970 (tradução modificada).

formulações que não são exatamente fáceis de pronunciar, como quando ele escreve (numa frase escolhida quase ao acaso) a respeito da "profunda consternação do espanto diante de momentos e marcas rutilantes de adequação nos aposentos do momento vivido".[2] Apesar de algumas passagens magníficas, a retórica exagerada, o estilo poético descuidado e as pseudoprofundidades de Bloch são o tipo de coisa que depõe contra a teoria marxista. Se seu estilo prefigura a utopia em seu brio criativo, ele também a prefigura em sua ambiguidade. Raramente a observação de São Paulo a respeito de ver o reino de Deus através de um vidro escuro foi mais adequada. É um alívio passar da prosa extravagante de Bloch para a parcimônia elegante de Benjamin ou Adorno.

A forma da principal pesquisa de Bloch é um reflexo de seu conteúdo. Esse formidável saco de surpresas rejeita qualquer estrutura rigorosa em nome da liberdade e da diversidade, valores que prenunciam o futuro que ele evoca. Assim, o próprio ato de lê-lo pretende nos dar uma amostra da utopia. O planejamento centralizado e a ordem hierárquica são postos de lado, como serão no âmbito do comunismo. Enquanto a concepção stalinista de totalidade não leva em conta o específico, a imaginação imprevisível e peculiar de Bloch retrata minuciosamente o aleatório e o contingente, à medida que uma digressão cheia de detalhes segue com dificuldade na esteira da outra. A estranha poesia materialista da sua obra, ao lado da recusa a uma concepção convencional, é um gesto político por si só, representando um ataque contundente aos protocolos da erudição ortodoxa. Theodor Adorno faz referência às suas violações dos "cerimoniais da disciplina intelectual".[3]

---

2 Bloch, *The Principle of Hope*, v.1, p.303 (essa tradução precisa admitir que é parcialmente responsável pela prosa ininteligível).
3 Citado por Miller, "A Marxist Poetics", em Thompson; Žižek (orgs.), *The Privatization of Hope: Ernst Bloch and the Future of Utopia*, p.204.

Por ser um judeu alemão de esquerda, Bloch passou os anos do nazismo em diversos refúgios europeus, e, em 1938, emigrou para os Estados Unidos, onde foi escrito *O princípio esperança*. Ele se mudou para a Alemanha Oriental em 1949, onde, como observa um comentarista, "em nome do futuro, fez um pacto faustiano com o presente traiçoeiro".[4] Em suma, tornou-se um apologista entusiástico do stalinismo, defendendo os processos sumários de Moscou e estigmatizando Trótski como um agente da Gestapo. Embora se mantivesse distante do Partido Comunista, ele se meteu em algumas ocasiões nas mais ásperas polêmicas stalinistas, admitindo diversas vezes sua lealdade absoluta ao regime da Alemanha Oriental. Como diz Habermas, Bloch não tinha dúvida de que o caminho para a liberdade e a pluralidade passava pelo poder do Estado, pela violência, pelo planejamento centralizado, pelo coletivismo e pela ortodoxia doutrinária.[5] Como inúmeros companheiros na esquerda, ele considerava que a principal escolha da sua época era entre Stálin e Hitler. Mesmo assim, vislumbrar as sementes da utopia na União Soviética representava um triunfo evidente da esperança sobre a experiência, um pouco como escrever sobre a esperança na República Democrática Alemã era uma vitória admirável sobre a experiência de viver ali.

Apesar da fé de Bloch na RDA, era improvável que uma mistura extravagante de misticismo e metafísica – que era como o regime via *O princípio esperança* – o tornasse benquisto pelas autoridades locais. Se o marxismo podia prever o futuro com uma precisão científica, quem precisava de uma crença pequeno-burguesa como a esperança? Consequentemente, Bloch foi perseguido e proibido de ensinar e publicar. Impedido de voltar para casa depois de uma visita a Berlim Ocidental em 1961 devido à construção do Muro de Berlim,

---

4 Geoghegan, *Ernst Bloch*, p.4. Para o stalinismo de Bloch, ver Negt, "Ernst Bloch: The German Philosopher of the October Revolution", *New German Critique*, n.4, p.3-16, inverno 1975; e Jan Bloch, "How Can We Understand the Bends in the Upright Gait?", *New German Critique*, v. esp., n.45, p.9-39, outono 1988.
5 Habermas, "Ernst Bloch: A Marxist Romantic", op. cit., p.322.

ele decidiu permanecer no lado ocidental da linha divisória, onde se voltou furiosamente contra seus antigos chefes stalinistas. É preciso dizer, a seu favor, que ele se recusou a trilhar o conhecido caminho do esquerdista desiludido que se transforma num reacionário estridente. Em vez disso, apoiou os movimentos estudantil, antinuclear e contra a Guerra do Vietnã, fustigando a classe dirigente alemã sempre que lhe parecia adequado. Ele acabaria como um dos mais reverenciados profetas da esquerda ocidental, uma figura mitológica mesmo enquanto estava vivo.

Perry Anderson observou que um traço característico do marxismo ocidental é a sua abertura ao pensamento não marxista, da influência de Croce sobre Gramsci e de Hegel sobre Adorno, à de Heidegger sobre Sartre e Espinosa sobre Althusser.[6] Poderíamos dizer que os textos de Bloch levam essa receptividade a um exagero ridículo. Seu conhecimento assustadoramente enciclopédico se estende àquilo que Habermas (que considera a falta de precisão conceitual de Bloch "detestável") chama de "simbolismo numérico pitagórico, doutrina cabalística sobre as assinaturas, fisiognomias herméticas, alquimia e astrologia".[7] Isso não compunha exatamente o cotidiano dos burocratas de Berlim Oriental. Em sua obra anterior *Geist der Utopie* [O espírito da utopia], Bloch tinha misturado messianismo judaico e filosofia clássica, ocultismo e escatologia, marxismo e teosofia. A enorme amplitude dos seus textos é de tirar o fôlego. Leszek Kołakowski menciona sua tentativa de transplantar para o marxismo "toda uma metafísica, uma cosmologia e uma cosmogonia especulativa".[8]

O princípio esperança está em busca de uma forma de marxismo que rivalizaria com a profundidade e o alcance da religião enquanto serviria de crítica a ela. Consequentemente, ele abrange dos gnósticos aos

---

6 Anderson, *Considerations on Western Marxism*, cap.1.
7 Habermas, "Ernst Bloch: A Marxist Romantic", op. cit., p.319-20.
8 Kołakowski, *Main Currents of Marxism*, v.2: *The Breakdown*, p.421.

modernistas, de Boehme* ao bolchevismo, do Eldorado a Joaquim de Fiore, do delta do Orinoco aos pombos assados e à lâmpada de Aladim. Os interesses do autor vão da ética, da estética, da mitologia, do direito natural e da antropologia ao fantástico, à cultura popular, à sexualidade, à religião e ao meio ambiente. Ele também ataca violentamente o viés eurocêntrico do marxismo ocidental, insistindo na necessidade de dar a devida importância às culturas não europeias. Nenhum outro materialista histórico, escrevem dois de seus críticos, "demonstrou de forma mais convincente a importância da filosofia, da arte e da religião para a prática revolucionária".[9] Nesse aspecto, ele é o tipo de marxista com o qual os críticos do marxismo podem se sentir à vontade. Portanto, não surpreende que ele tenha sido insistentemente cortejado pelos teólogos da libertação, os historiadores da cultura, os humanistas liberais e um leque variado de pessoas que se dispunham generosamente a desconsiderar sua dedicação inabalável à dialética da matéria.

Porém, como alguém que criticou o que ele chamava de "imaginação socialista subnutrida", Bloch corre o risco de uma obesidade conceitual de proporções rabelaisianas. O que alguns podem considerar uma erudição impressionante, para outros pode ser um exemplo alarmante de bulimia intelectual. Nada poderia estar mais distante da sua sensibilidade exagerada que as virtudes clássicas do tato e da discrição. Ele desconhece até mesmo os conceitos de escassez e desvio intelectual. Seu raciocínio é movido por uma atração quase patológica pelo conhecimento universal, aquele que prefigura o assim chamado *Totum* da utopia comunista. Nesse sentido, também, a forma da sua obra está em harmonia com o seu conteúdo. No entanto, o paradoxo desse conjunto incrivelmente diversificado de obras é a sua

---

* Jakob Boehme: teosofista e místico alemão cujas obras descrevem o mal como uma antítese necessária ao bem. É considerado o fundador da teosofia moderna. (N. T.)
9 Kellner; O'Hara, "Utopia and Marxism in Ernst Bloch", *New German Critique*, n.9, p.16, outono 1976.

característica extremamente uniforme. Sua variedade exuberante exemplifica inúmeras vezes o mesmo conjunto de preocupações um pouco frágeis. A riqueza admirável da escrita de Bloch é mais empírica que conceitual, na medida em que um grupo relativamente pequeno de noções fundamentais, muitas das quais são mais ou menos sinônimas umas das outras, é ilustrado por uma quantidade extraordinária de fenômenos concretos. A repetitividade da sua escrita é espantosa. *Totum* e *Ultimum* também são *Optimum* e *summum bonum*, enquanto *Heimat*, Ser, o Todo, *eschaton* e *pleroma* são mais ou menos intercambiáveis. Tirando o fato de que todos esses termos acenam para um futuro estado de paz, liberdade e ausência de classes, eles são particularmente fracos de conteúdo.

Poderíamos alegar que o texto de Bloch é, ao mesmo tempo, muito pouco marxista e marxista demais – ansioso demais em assumir que quase todo fenômeno histórico, por mais distante que esteja da política contemporânea, pode ser utilizado por seu valor emancipatório, e, no entanto, muito ocupado em canalizar esse volume prodigioso de material para a fôrma do materialismo histórico. O passado pode ser diverso, mas ele tem uma única direção. É por isso que o stalinista Bloch existe lado a lado com o Bloch vociferante das futilidades insensatas, com o apologista dos heréticos e excêntricos, vasculhando os becos tortuosos e as ruas secundárias escondidas da cultura humana. Se a sua visão é difusa demais, ela também é restrita demais. Sua obra amplifica e reduz ao mesmo tempo. Ela está cheia de uma abundante diversidade de bugigangas, mas também representa a mãe de todas as metanarrativas. Existe muita conversa fiada sobre forças cósmicas, mas também muito material esquemático a respeito da dialética da matéria. *O princípio esperança* acolhe favoravelmente toda a riqueza da cultura humana – mas só para acabar se apropriando dela. O marxismo é o legado de todo o pensamento criativo anterior, mas o supera ao discutir sobre ele. Há momentos, por exemplo, em que Bloch parece sugerir que quase todo o pensamento pré-marxista ignora o tempo futuro. O futuro nasce junto com o materialismo histórico. Como a realização concreta do fundo de verdade que se encontra em todas as visões anteriores da liberdade, o pensamento de Marx viabiliza um legado transmitido dos profetas hebreus e de Paracelso para Hegel e a era moderna. Encontrar indícios de protomarxismo para onde quer que se olhe significa ter a mente aberta ou fechada?

Se Bloch é um marxista ocidental padrão por sua postura diante do pensamento não marxista, seu espírito afirmativo é atípico da escola. Perry Anderson ressalta em sua pesquisa do marxismo ocidental que um veio melancólico perpassa vários de seus pensadores, ao passo que Bloch pode ser acusado, com justiça, de ser excessivamente jovial. Pode haver razões históricas para essa perspectiva otimista. Se, para Bloch, a esperança é uma questão ontológica e não um estado mental, talvez seja porque só uma certeza tão arraigada como essa poderia sobreviver ao período histórico sombrio no qual ele viveu. A esperança comum talvez não tivesse se mostrado suficientemente resiliente. Pronunciar-se de forma tão veemente em tempos tão desesperadores exige uma intuição prodigiosa ou um grau extraordinário de ignorância. Talvez a esperança que está em jogo aqui seja aquela que nenhuma derrota concreta poderia rechaçar. O tipo de esperança de Bloch é inatacável porque não tem motivo?[10]

Bloch escreve certamente como se a esperança estivesse incorporada na própria estrutura do mundo. Nessa ontologização da virtude, existe esperança no mundo quase como existe urânio. Intenção, expectativa e antevisão não são tanto aspectos da consciência, e sim determinantes fundamentais da própria realidade. Existe um "bem que atua sem parar",[11] ou como um personagem em *Fim de partida*, de Beckett, observa de maneira um pouco mais ameaçadora, "Algo está seguindo o seu rumo". É como se o próprio Ser fosse esperança em sua própria essência, de tal forma que sem esse esforço interior

---

10 O filósofo político Ronald Aronson tem essa opinião. Ver Geoghegan, *Ernst Bloch*, op. cit., p.45.
11 Bloch, *The Principle of Hope*, v.1, op. cit., p.198.

ele deixaria de existir. "As formações essenciais do mundo", afirma Bloch, "... estão cheias da inclinação do Não-Ainda na direção do Todo".[12] A possibilidade futura, ele acredita, precisa ser "objetivamente real" em vez de puramente subjetiva, latente na atual situação, em vez de mero pensamento positivo. Isso, como vimos, também se aplica a Marx, mas Bloch amplia um pouco mais a questão. Não é só que a esperança precisa ter bases materiais, mas que, para Bloch, a esperança é, em certo sentido, uma dinâmica objetiva no mundo – de fato, não apenas na história humana, mas no próprio cosmo. Ele diz que pretende produzir nada menos que uma cosmologia comunista. Marx, por sua vez, pode confiar no desenvolvimento das forças produtivas, mas não afirma que ele está inscrito na essência do mundo. Não é um princípio metafísico como o *Geist* de Hegel ou o élan vital de Bergson. Em vez disso, ele está confinado à arena histórica. Marx se impacienta com as especulações metafísicas, e parece não se interessar pela situação do cosmo. Ele não afirma que o mundo está se encaminhando para um final favorável. Bloch se refere ao "homem sem classe" como representando "em última análise, a possibilidade--inclinação pretendida da história até agora",[13] mas Marx não cede a essas fantasias trans-históricas. Na verdade, ele se esforça em negar que a história tem objetivos próprios. Nem defende a história do progresso ininterrupto no nível moral, como já observamos. O fascismo não é um avanço em relação ao feudalismo.

Pode ser verdade que a realidade está em constante evolução, mas isso só seria motivo de esperança se a mudança fosse desejável em si mesma. Por ser um vitalista romântico, Bloch escreve muitas vezes como se o movimento, o dinamismo, a mutabilidade, a fugacidade, a instabilidade, a produtividade, a abertura, a possibilidade e coisas do gênero fossem inequivocamente positivos, o que claramente não é verdade. "O Ser móvel, mutante e mutável", ele afirma, "tem a

---

12 Ibid., p.336.
13 Ibid., p.238.

capacidade não manifesta de desabrochar".[14] Ele não acrescenta que alguns de seus futuros possíveis podem se revelar extremamente desagradáveis. O futuro não é um valor em si mesmo, exceto, talvez, para os especuladores de Wall Street. Não deveríamos nos alegrar diante da simples perspectiva de abertura. O Terceiro Reich rejeitava um desfecho, já que pretendia durar para sempre. Nenhum sistema histórico foi mais mutável que o capitalismo, como o *Manifesto comunista* faz questão de salientar. O genocídio é um processo dinâmico. Expandir não é necessariamente florescer. As coisas podem se tornar abjetas enquanto se revelam, como também podem se tornar mais plenamente elas mesmas. O conservador desconfia que, como regra geral, isso é verdade, e que a única forma recomendável de mudança, portanto, é aquela que procura preservar o *status quo*. Ele tem esperança no futuro, mas só no sentido de que o futuro será mais ou menos uma continuação do presente. Isso não significa, necessariamente, ser complacente com o *status quo*, significa simplesmente hesitar em arriscá-lo dando um salto no desconhecido.

Não são apenas os platônicos que consideram a mutabilidade um sinal de imperfeição. Como era um pensador messiânico, Walter Benjamin considerava que a transitoriedade da história estava ligada à sua desprezibilidade. Também vale ressaltar que não existe nada intrinsecamente questionável na estase. A imutabilidade pode ser uma condição admirável. Confiamos que a concessão do voto feminino não será uma moda passageira, e que as leis que proíbem o trabalho infantil não desaparecerão do código penal. A mudança só é positiva quando avaliada por determinados critérios morais, não quando considerada da perspectiva do próprio universo; e Bloch se defronta com o conhecido problema historicista de saber qual é a origem desses critérios, e como eles podem julgar uma história da qual fazem parte. Talvez os fenômenos históricos devam ser avaliados em termos da sua contribuição para o surgimento do Todo ou do *Totum* do

---

14 Ibid., p.196.

futuro; mas como esse *telos* ainda não chegou – como a história ainda não constitui uma totalidade –, é difícil saber como se pode recorrer a isso como um parâmetro para julgar o processo que dará origem a ele.

Também é difícil saber o que significa a afirmação de que a esperança é inerente ao processo material. Em certo sentido, isso parece tão absurdo como sustentar que a inveja ou a ambição também é uma característica intrínseca dele. Como diz Wayne Hudson, para Bloch "é a realidade, não a mera consciência, que tem características futuristas".[15] É verdade que a realidade tem características futuristas no sentido de que ela evolui, mas isso não significa que a evolução está voltada a um fim louvável. Mesmo se existe uma dinâmica no centro da matéria impulsionando-a para a frente, isso não quer dizer que ela também está impelindo-a para cima. Isso só seria assim se considerássemos que a mudança é produtiva em si mesma. Os fenômenos históricos podem ter a característica de durar um século ou mais, ou de ficar confinados a certas regiões da África ocidental, mas não de estar tomados por um estado de êxtase. O cosmo não está mais preocupado em se aperfeiçoar do que obcecado com a autodestruição. O filósofo vitoriano Herbert Spencer ensinou que o mundo se torna cada vez mais heterogêneo à medida que evolui; mas isso só constitui motivo de esperança se consideramos a heterogeneidade uma condição recomendável, o que é uma questão de opinião. O mesmo se aplica às afirmações de que o mundo está ficando mais unificado, ou que a civilização está a caminho de produzir uma inteligência superior, bebês mais saudáveis e aumento da longevidade. Em primeiro lugar, o fato de os bebês nascerem mais inteligentes, mais saudáveis ou mais bonitos não é motivo de comemoração para quem considera que a vida humana não tem sentido. Aqueles que abominam a ideia do comunismo não considerariam que valeria a pena esperar pelo futuro de Bloch.

---

15 Hudson, *The Marxist Philosophy of Ernst Bloch*, p.95.

Bloch acredita que a totalidade da realidade material é permeada por um propósito ou uma tendência intrínseca à perfeição. É difícil dizer como ele sabe isso. Parece apenas o tipo de ponto de vista especulativo que ele próprio despreza quando surge disfarçado de idealismo burguês. Na verdade, Bloch parece desconfortavelmente próximo da ideologia burguesa em sua forma mais grosseiramente triunfalista. Nesse estado de espírito, ele lembra mais Teilhard de Chardin que um discípulo de Marx. Ele também repete a opinião de um radical como Georg Büchner, que, apesar da tristeza absoluta de sua obra dramática, defendia que a natureza era alimentada por uma lei voltada para a unidade e a harmonia. A visão de progresso de Bloch, como sugere Hudson, brota da substituição de Deus pela questão dialética.[16] Na verdade, ele é um dos poucos marxistas ocidentais que admira a *Dialética da natureza*, de Engels. Porém, se a matéria consegue desalojar o Todo-Poderoso é porque, desde o princípio, Bloch contrabandeou algumas características semidivinas para dentro dela. E se a matéria substitui Deus, a humanidade fará o mesmo na plenitude dos tempos. A promessa de Iavé para o seu povo, tanto para Bloch como para John Milton, é que ele acabará se retirando. Ele abdicará de seu trono, entregando sua autoridade divina ao Homem na figura de seu Filho. Na verdade, a humanidade não só reinará soberana no assento vazio de Deus como também o superará em poder supremo. É difícil saber se esta é uma visão ateia ou religiosa.

Apelidado de Bombardeio Marxista por Habermas, Bloch parecia postular que havia um potencial criativo escondido na própria essência do cosmo. Uma teoria que para Aristóteles se aplica unicamente às formas biológicas é ampliada para uma cosmologia inteira. Não é que a humanidade promova tanto assim a esperança, e sim que ela mobiliza recursos que já estão latentes no ser. Na mais magistral de todas as narrativas possíveis, o mesmo impulso inspirador é visto

---

16 Ibid., p.157.

à espreita dentro dos fenômenos mais diversos. Há uma sensação de que esta é uma mudança conceitual necessária. Se os diferentes processos que constituem o mundo estão todos se movendo para a frente e para o alto, então isso deve ser uma coincidência admirável ou deve resultar do fato de que eles brotam da mesma fonte. Alguma espécie de monismo e essencialismo deve estar subjacente à doutrina do progresso universal, por mais variadas que sejam as formas que ele assuma, senão não seria possível falar que o próprio mundo está avançando e não esta ou aquela parte dele. Em vez disso, podemos imaginar que existe uma multiplicidade de Ainda-Nãos, não apenas um, e que algumas correntes do cosmo estão a caminho da perfeição e outros não.

Dada a diversidade dessas correntes, o que elas partilham deve ser um mínimo denominador comum ou um princípio absolutamente rudimentar, e é por isso que Bloch recorre à origem da utopia como os elementos estruturais básicos do universo. Não está claro, porém, o que significa dizer que a própria realidade revela uma trajetória, ou compreender como o comunismo está implícito na estrutura da ameba. Como o próprio mundo, e não esta ou aquela corrente em seu interior, poderia estar amadurecendo? Em que sentido um fóton está orientado para o paraíso, para usar um dos próprios termos de Bloch para designar o desfecho final cósmico? Seja como for que julguemos esse materialismo místico, ele tem pouco ou nada a ver com o marxismo. Para Marx, o materialismo não é uma afirmação metafísica acerca da natureza da matéria, mas uma crença na primazia da prática material nas questões humanas.

Bloch não nega que a perversidade da humanidade é algo real. De fato, depois de Auschwitz, ele postula, em estilo kantiano, a existência do mal radical. Também não afirma que as tendências utópicas do cosmo prevalecerão necessariamente. Fazê-lo seria se aproximar vergonhosamente do marxismo determinista que ele rejeita. Existe um impulso à autorrealização no mundo, mas ele só irá se concretizar através da ação humana independente. De outro modo, poderia facilmente dar errado. O cosmo exige a nossa cooperação. Ao aumentar a autoconsciência na humanidade, sua dinâmica interna é ativamente estimulada. Embora esteja incorporada no universo, a esperança não está, de modo algum, assegurada, e sempre pode se extraviar. Desse modo, Bloch consegue combinar uma teleologia vigorosa com a crença no livre-arbítrio. Na verdade, seu argumento não é diferente da doutrina cristã da Providência, que sustenta que o reino do céu está destinado a chegar – de fato, que o conjunto da Criação agora mesmo está sofrendo e labutando visando a esse objetivo –, mas que faz parte do plano divino que os homens e as mulheres, por serem os receptores dessa graça, cooperem livremente com esse projeto.

Como já vimos, para a fé cristã, Deus ordenou que a história humana chegue a bom termo, que não possa dar errado. Nenhum acontecimento histórico, nem mesmo um holocausto nuclear ou uma catástrofe ecológica pode eliminar o fato de que, para o Evangelho, a história reside na aceitação da ressurreição. Por causa do Cristo ressurreto, a esperança, por assim dizer, já aconteceu. O futuro já foi garantido pelo passado. Portanto, para os cristãos, a esperança realmente está, em certo sentido, incorporada na essência do cosmos. Cristo é o Senhor da Criação e também da história. No entanto, é difícil perceber como o mesmo pode ser verdade para Bloch. Não existe absolutamente nada em seu ateísmo que autorize isso.

Se a teoria de Bloch é válida, então isso significa que a esperança segue o fluxo do universo em vez de ir contra a corrente. Porém, se isso for verdade, qualquer gesto de esperança está sutilmente desvalorizado. Já que compartilha da tendência geral do cosmo, ela dá menos trabalho que a esperança *apesar de* – a esperança que se recusa a ceder mesmo nas situações mais desagradáveis. Assim como Milton é incapaz de elogiar a virtude enclausurada que não sente necessidade de lutar por sua santidade, nós também podemos ser indiferentes ao tipo de esperança que surge com muita facilidade. A esperança não precisa do respaldo do universo, e pode ser ainda mais respeitável quando prescinde dele. Walter Benjamin considerava que a crença de que a história está do nosso lado era a melhor definição de complacência politicamente suicida. Thomas Hardy também considerava que a fé de que o universo estava em conluio com a humanidade era uma ilusão sentimental perigosa, o que não significa que ele pensava que o mundo estava tramando maldosamente contra nós. O universo não é uma espécie de agente. Pelo contrário, Hardy considerava que a realidade não tem sentimentos nem opiniões próprias, e que isso pode ser tanto uma fonte de esperança como um motivo de tristeza.[17] Se o mundo não colabora com nossos projetos mais louváveis, ele também não conspira com os menos respeitáveis.

Se a história revela uma trajetória inata para a utopia, como é que essa tendência pode dar errado, como um rápido olhar pelo mundo sugere? Para *O princípio esperança*, a resposta é que ela pode ser impedida pela ação humana. A força que impulsiona o mundo para a frente é, em si mesma, benigna, mas sempre pode sempre ser traída. É a humanidade, criadora e exterminadora de mundos, que pode optar entre trazer a perfeição ou a destruição ao universo. Para Bloch, não há meio-termo entre as duas opções, embora ele não explique por quê. O que está em jogo aqui é um modelo de expressão/bloqueio do desejo humano. "No que o homem pode se transformar", pergunta Bloch, "se o seu progresso não for bloqueado?".[18] Parece que, entregue a si mesma, a humanidade se encaminhará rumo à felicidade que o cosmo tem guardado para ela. Tanto para Bloch como para a maioria dos libertários românticos, os obstáculos que podem obstruir esse progresso são externos, não internos. E já que os impedimentos externos são, em sua maioria, superados mais facilmente que os internos, isso, por si só, é uma poderosa fonte de consolo.

---

17 Para uma pesquisa ignorada, mas extremamente original, sobre esse aspecto de Hardy, ver Morrell, *Thomas Hardy: The Will and the Way*.
18 Bloch, *The Principle of Hope*, v.1, op. cit., p.235.

Mas certamente o modelo é enganoso. Em primeiro lugar, ele não consegue dar conta da realidade do mal, no sentido do prazer obsceno com a destruição como um fim em si mesmo.[19] Ele fica perdido diante do tipo de niilismo para o qual o apreço pelo ser humano não passa de uma impostura. Por outro lado, nem toda negatividade resulta da eliminação dos nossos impulsos mais nobres. Existem outras causas de prejuízo moral. Os desejos humanos não se tornam mórbidos simplesmente porque são bloqueados, como os surrealistas costumavam alegar e uma interpretação superficial de William Blake pode sugerir. Pelo contrário, existem desejos que precisam ser suprimidos em nome do bem-estar geral. Porém, o libertarismo romântico não explica como fazer para distinguir entre os nossos desejos mais e menos civilizados.

Compreender seu próprio ser interior não implica apenas romper extasiado um conjunto de barreiras externas, mas a questão um pouco mais exigente que é nos emanciparmos de nós mesmos. Precisamos reeducar nossos desejos, não apenas externá-los livremente. Por ser avesso à teoria psicanalítica, Bloch ficaria incomodado com a sugestão de que existe algo no núcleo do desejo que busca sua própria negação. Enquanto para Freud o desejo é sempre, de certa forma, falho e perverso, Bloch o trata na forma de esperança, como algo claramente positivo. A negatividade tem a ver, em grande medida, com os obstáculos; não faz parte da esperança nem do desejo. O que refreia nossas aspirações se encontra, na maioria das vezes, na esfera política, não, como defende Freud, numa Lei censória instalada nas próprias entranhas do sujeito humano. Para Freud, o desejo não é uma força primordial que vai de encontro à Lei, mas o efeito pernicioso do nosso conflito com ela. Bloch, por sua vez, tende a subestimar a carência contida no desejo devido à *promesse de bonheur** que ele traz consigo. Ele também supõe que a sua natureza transgressiva está sempre do

---

19 Ver Eagleton, *On Evil*, cap.2.

* Em francês no original: "promessa de felicidade". (N. T.)

lado do progresso. Seu hino ao infinito não tem muito lugar para o conceito de húbris.

Pode-se alegar que Marx também recorre ao modelo de expressão/repressão, sobretudo em sua descrição do modo como as relações sociais dominantes se opõem às forças produtivas. Se essas forças incluem a própria humanidade, como Marx parece supor, é fácil imaginar que a realização das capacidades humanas é um bem em si mesmo, e que o único problema se encontra em sua obstrução. Como acontece com a maioria dos expoentes de uma ética da autorrealização, Marx precisa estar mais atento do que está ao problema da diferenciação entre as nossas aptidões, algumas das quais são muito mais prejudiciais que as outras. Caso contrário, ele corre o risco de admitir, de maneira ingenuamente libertária, que a simples existência de uma aptidão é motivo suficiente para a sua realização.

Contudo, a visão geral da história de Marx não é tão simplista. Em primeiro lugar, o comunismo é o resultado da revolução política, não do cosmo. Por outro lado, a afirmação de que ele considera que o desenvolvimento das forças produtivas constitui uma metanarrativa tem sido veementemente contestada.[20] De todo modo, já vimos que a liberação dessas forças só se mostrará benéfica no longo prazo. No curto prazo, ela gera barbárie e também civilização. Portanto, a história, como a autobiografia condenada de Tristram Shandy, é progressiva e regressiva ao mesmo tempo. Ela só segue em frente, insiste Marx, por meio do seu lado ruim. Os recursos legados pelo passado para o presente são bens contaminados e presentes envenenados, como bem sabem Marx e Freud. Além disso, embora possamos interpretar que Marx postula uma certa continuidade da evolução na base material, ele não faz tais afirmações em relação à chamada superestrutura; ao passo que, em certo sentido, para Bloch a superestrutura também representa uma grande narrativa formidável, já que a sua arte, cultura, política e religião podem ser compreendidas como

---

20 O tema é examinado detalhadamente em Rigby, *Marxism and History*.

uma grande diversidade de expressões do mesmo princípio subjacente da esperança.

Se reduzirmos a esperança a uma única força positiva, fica difícil explicar os tipos de aspiração que são completamente nocivos. Esperar eliminar os judeus da Europa ou os cúlaques da Rússia soviética são exemplos dignos de nota. O problema não é que Bloch ignore inteiramente esses projetos odiosos, mas que ele se sinta insuficientemente incomodado com eles. O termo "esperança" tem uma ressonância alegre demais para que ele os enfrente diretamente. Na verdade, ele consegue detectar um impulso utópico, embora monstruosamente deformado, até mesmo nas aspirações mais maléficas.

Existem algumas vantagens que podem ser obtidas desse ponto de vista. Ele lhe permite, por exemplo, ter uma opinião muito mais nuançada do fascismo do que os marxistas de seu tempo, para os quais ele representava apenas os estertores do capitalismo, e, portanto, deveria ser, de certo modo, bem-vindo. Bloch, que pesquisa formas de consciência popular e apela a uma nova *Kulturpolitik*,* encara o que os marxistas chamam de superestrutura cultural com uma seriedade admirável, discernindo nos mitos e fantasias do fascismo, por exemplo, alguns desejos perversos que poderiam, de outra forma, ter se mostrado politicamente proveitosos. Como diz Fredric Jameson, ele se apega ao "princípio subjacente de que cada elemento negativo pressupõe, de alguma forma, um elemento positivo que é ontologicamente anterior a ele".[21] Ou como observa Jürgen Habermas numa linha semelhante: "Ele quer salvar o que é verdadeiro na falsa consciência".[22]

Mesmo assim, há limites para essa generosidade de espírito. Não é verdade que todo sonhador seja um revolucionário enrustido.

---

* Em alemão no original: "política cultural". (N. T.)
21 Jameson, *Marxism and Form*, p.133. Não está claro, aqui, se Jameson está endossando Bloch ou atuando como seu ventríloquo, embora valha a pena ressaltar que a descrição que ele faz da obra de Bloch é extremamente acrítica.
22 Habermas, "Ernst Bloch: A Marxist Romantic", op. cit., p.312.

Detectar um impulso positivo, embora totalmente desfigurado, no desejo de livrar o mundo dos judeus seria considerado uma obscenidade moral. Nem toda esperança é um prenúncio da utopia. A unidade de uma turba de linchadores não é mais bem compreendida como uma premonição distorcida do futuro comunista. Existem maneiras de transformar o mundo que não comprovam o espírito utópico. O assassinato, por exemplo, implica a fé na possibilidade de mudança, a natureza temporária do presente e o caráter indefinido da história. É inadmissível, portanto, que, como escreve Fredric Jameson, "sempre que olhamos, todas as coisas no mundo se tornam uma versão de uma imagem primitiva, uma manifestação daquele movimento primordial em direção ao futuro... que é a utopia".[23] Porém, considerar a esperança e seu objetivo algo único – sustentar que todas as esperanças humanas são secretamente uma, e que todas elas lutam pelo mesmo futuro emancipado – é cortejar justamente esse engano.

Além disso, deslocar o mundo inteiro tão firmemente ao redor do seu eixo para se voltar para o futuro, de modo que todo pensamento autêntico se torne antecipatório, toda arte autêntica, utópica, e toda ação válida uma antevisão do Ainda-Não, é diminuir o real enquanto o exaltamos. É atribuir à arte, ao pensamento e à ação um significado importante enquanto afirmamos que a sua verdade se encontra fora deles. A realidade é afastada de si mesma, transferida continuamente para um *telos* especulativo. "Só o horizonte do futuro, que o marxismo ocupa, tendo por antessala o horizonte do passado, dá à realidade a sua verdadeira dimensão", assevera Bloch.[24] O mundo tal como existe, ele observa, "não é verdadeiro". Mas essa afirmação também não é verdadeira. A questão não é que aquilo que ainda tem de alcançar seu pleno potencial seja, por isso, deficiente na prática. Um ovo não é defeituoso por ainda não ser uma galinha, nem um programa de reforma política é inexpressivo porque está aquém da

---

23 Jameson, *Marxism and Form*, op. cit., p.41.
24 Bloch, *The Principle of Hope*, v.1, op. cit., p.285.

utopia. O presente não é ontologicamente inferior ao futuro. Nem o passado é um mero prelúdio do presente. Não devemos permitir que o subjuntivo vença o indicativo. Em *Investigações filosóficas*, Ludwig Wittgenstein nos alerta contra o argumento de que não existe uma última casa na aldeia porque sempre poderíamos construir mais uma. Poderíamos; mas isso não altera o fato de que existe uma última casa aqui e agora. A aldeia pode certamente ser ampliada, mas ela não está inacabada.

Um dos aspectos mais vergonhosos da obra de Bloch é seu desprezo pelo empírico. Kołakowski escreve de maneira mordaz sobre o modo como ele eleva a incapacidade de análise à categoria de virtude teórica.[25] Há momentos em que ele se aproxima perigosamente do preconceito romântico vulgar de que os fatos são simplesmente reificações, e as declarações de fato são, *ipso facto*, "positivistas". É assim que ele pode falar pejorativamente de "realidade meramente factual". Os atuais estados de coisas são simplesmente instantâneos de um processo mais profundo, o único que é verdadeiro. *Vernunft* é superior a *Verstand*; a imaginação, incomparavelmente mais valiosa que a racionalidade rotineira. O real é para as pessoas covardes que não conseguem suportar o possível. Mergulhar bem no fundo dele é uma forma de negação. A visão utópica não pode ser refutada por nada tão vulgar como a realidade factual.

Existe uma relação entre essa ontologia empolada e o stalinismo de Bloch. Se pelo menos o futuro comunista for verdadeiramente real, podemos suportar a barbárie contida em sua construção. Se o cosmo adia constantemente seu próprio *telos*, o regime da Alemanha Oriental também. Nesse sentido, o Ainda-Não de Bloch é uma espécie de teodiceia. Também é possível que as reflexões sobre o *Totum, Ultimum, Ens Perfectissimum*, Qual Essência, Aquele Motivo e outras abstrações prodigiosas possam ajudar a protegê-lo da *realpolitik* do presente. Se

---

25 Kołakowski, *Main Currents of Marxism*, v.2, op. cit., p.446.

Bloch mantém viva a ideia de esperança naquilo que Bertolt Brecht chamava de nova idade do gelo, desconfia-se que isso se deve, em parte, ao fato de que seu caso de amor com o futuro funciona como um escudo contra os horrores de seu tempo. Se aqueles que idolatram o presente rejeitam o futuro, o contrário também pode ser verdade.

O tipo de esperança que Bloch endossa é a que já apelidamos de fundamental – esperança com uma maiúscula imponente, em vez de esperança neste ou naquele desejo específico. Como acontece com o desejo freudiano, seu objeto é obscuro e indefinido, já que seu *pleroma* é um estado de coisas geralmente inconcebível. Por conseguinte, a esperança para Bloch é, em certo sentido, quase tão objetiva quanto uma pancada na cabeça, embora, por outro lado, irritantemente elusiva. Sua realização pode ser vislumbrada em devaneios e fantasias, momentos esporádicos de *jouissance** e novos estilos arquitetônicos; mas ela não pode ser enfrentada, do mesmo modo que os judeus eram proibidos de fazer imagens de escultura de Iavé, o não Deus. Para Freud, também, sonhos e fantasias constituem um tipo de sintomatologia, mas, no seu caso, é o passado que eles evocam, não o futuro. Enquanto ele os trata como significantes de um trauma primitivo, Bloch, que considera que a psicanálise é um produto da burguesia decadente, encontra neles um prenúncio do que está por vir, um pouco do modo como a vida sacramental se relaciona com o cristianismo. Ele não parece admitir que a cena da análise desenterra o passado em nome de um futuro emancipado. Se Bloch está no encalço do futuro no passado, Freud também está, com um sentido diferente. Na opinião deste último, o presente é constantemente arrastado para trás pela correnteza do passado, enquanto para Bloch ele ganha impulso através da atração gravitacional do futuro. Em ambos os casos, o momento presente está impregnado de uma modalidade importante de alteridade. Para Freud, o fim está na origem, quando o ego ferido se esforça para voltar a um ponto anterior ao seu

---

* Em francês no original: "deleite". (N. T.)

surgimento desafortunado; para Bloch, em um de seus mais renomados *slogans*, a gênese está no fim. O futuro para Freud é a morte, e para Bloch, a vida. A visão de Freud é trágica, o que não quer dizer que não é possível fazer nada para reparar os estragos do desejo, ao passo que a visão de Bloch, como veremos num instante, é muito pouco trágica.

A esperança com letra maiúscula, como podemos chamá-la, transforma a história humana numa poderosa metanarrativa, mas, no caso de Bloch, não se trata de um processo linear tranquilo. É possível interpretar sua obra como uma versão espiritualizada do marxismo da Segunda Internacional rejeitado por ele – uma versão que preserva suas formas totalizantes e teleológicas, mas o reveste de um princípio diferente. Porém, se o futuro realmente está agindo secretamente no presente, o tempo linear dá lugar a uma visão da história mais perspicaz, multidimensional e não sincrônica – uma visão da qual, tal como Bloch considerava corretamente, o marxismo carece com urgência. Nesse sentido, sua visão da história é múltipla e monista ao mesmo tempo. Justamente porque tudo nesse vasto texto brota do mesmo princípio de desenvolvimento, é possível incluir e eliminar coisas no roteiro, lê-lo de trás para a frente e vice-versa, justapor o que está distante ao que está próximo, unir fenômenos espalhados e descobrir o futuro enterrado no passado remoto.[26] Se existe um aspecto benjaminesco nessa forma de percepção, ela está ligada a uma perspectiva marxista mais ortodoxa. Enquanto para Benjamin a esperança está em contradição com o historicismo, Bloch opera com os dois simultaneamente.

---

26 Tom Moylan investiga a discrepância entre as concepções linear e não linear do tempo histórico no pensamento de Bloch em "Bloch against Bloch: The Theological Reception of *Das Prinzip Hoffnung* and the Liberation of the Utopian Function", em Daniel; Moylan (orgs.), *Not Yet: Reconsidering Ernst Bloch*. Vale a pena observar que esse profícuo volume de ensaios mal consegue apresentar uma única crítica importante do *maître*. O mesmo vale para outra coletânea recente de Thompson; Žižek, *The Privatization of Hope*, op. cit.

Há uma sensação de que a história linear é potencialmente trágica, já que o que foi feito não pode ser desfeito. Existem teorias cíclicas da narrativa humana para as quais nada está completamente perdido para sempre – nas quais tudo acabará voltando com uma aparência modificada, e que são, portanto, cômicas em vez de trágicas. Tanto Yeats como Joyce defendiam esse ponto de vista. O tempo linear, por outro lado, pode permitir que cresçamos, nos arrependamos, sigamos em frente, façamos uma reparação, mas também é absoluto e implacável. Por mais que queiramos reimaginá-los e reanimá-los, os mortos continuam mortos e os derrotados, subjugados. Daí o tom trágico do marxismo de Benjamin, o que não acontece com o marxismo de Bloch. Na verdade, a tragédia está em contradição com toda a atmosfera do seu pensamento. Ele está seguro de que o que vem em seguida nem sempre é um aperfeiçoamento do que veio antes, e que existem o que ele chama de "perdas na marcha para a frente"; mas *O princípio esperança* mal começa e já aparece a afirmação abominável de que "a esperança está apaixonada pelo sucesso, não pelo fracasso".[27] Bloch admite a realidade da tragédia, mas não é, na maioria das vezes, um pensador trágico – não porque seja um visionário utópico, mas porque reconhece apenas esporadicamente que uma vida transformada só pode brotar do contato com a privação.

Há momentos, é claro, em que ele assume integralmente a pressão da sua verdade. A vida nova só pode surgir no confronto com o vazio. Ele relata em *O princípio esperança* como "a bondade de Marx, que está voltada para seus irmãos mais humildes, se revela por meio da compreensão da humildade, e da nulidade resultante da maioria dos seus irmãos por suas origens, para elogiá-los por causa dessas origens. O ponto zero da alienação mais extrema que o proletariado revela atualmente se torna finalmente o ponto dialético da mudança: Marx nos ensina a descobrir o nosso Tudo justamente no Nada desse

---

27 Bloch, *The Principle of Hope*, v.1, op. cit., p.3.

ponto zero".[28] É uma visão impressionante da natureza trágica do marxismo – uma tragédia que não é diminuída, de modo algum, por seus inegáveis objetivos políticos, já que a perda da vida é a condição para alcançá-los. Porém, se essas palavras de Bloch são admiráveis, é sobretudo porque elas vão contra muitas outras coisas da sua sensibilidade geral. Uma percepção trágica como essa não representa, de maneira nenhuma, a tônica da sua obra. *O princípio esperança* não passa muito a sensação de que estamos mergulhando nos impulsos malignos com os quais a esperança tem de lidar. Não somos informados o tanto quanto deveríamos a respeito da arrogância do poder, da persistência teimosa da violência e do egoísmo em todos os períodos da história da humanidade, da repetição crônica dos conflitos mortais, do predomínio da falsa consciência, do impulso arraigado de mutilar, explorar e humilhar. Qualquer humanismo que feche os olhos para essas realidades repugnantes é obrigado a comprar sua esperança numa liquidação. Para Bloch, o passado é, na maioria das vezes, uma antevisão do futuro, não, como para Marx, um pesadelo que atormenta a mente dos vivos.

É mais comum encontrar Bloch promovendo a teodiceia que a tragédia. "Todo princípio", ele escreve, "contém o niilismo como algo utilizado e derrotado, a morte como algo devorado na vitória".[29] O fracasso é transformado em sucesso, e a mortalidade recuperada como um triunfo. "O nada, irrompendo com uma força cada vez maior na história, deu poder constitutivo para a dialética em relação ao próprio Tudo."[30] A negatividade é somente o motor do progresso, enquanto o Ainda-Não "segue em frente de maneira utópica e dialética".[31] É verdade que Bloch admite a possibilidade de um tipo mais sombrio de Nada, que significaria o colapso de todo o processo histórico e que

---

28 Ibid., v.3, p.1358.
29 Ibid., p.311.
30 Ibid., p.312.
31 Ibid., p.309.

nenhum passe de mágica conseguiria assimilar. Excluindo essa catástrofe, porém, a negatividade pareceria indicar uma oportunidade de fortalecimento moral e político. As desgraças que não podem ser racionalizadas dessa maneira são drasticamente menosprezadas. "Extermínios como os da Guerra do Peloponeso e da Guerra dos Trinta anos", Bloch anuncia de forma surpreendente, "são meros infortúnios, não uma mudança dialética; a humilhação de Nero, de Hitler e de todas essas manifestações aparentemente diabólicas fazem parte do dragão do derradeiro abismo, não da promoção da história".[32] Parece que a Guerra dos Trinta Anos foi um mero infortúnio, uma aberração histórica, um desvio ocasional da estrada dialética da história. Hitler é simplesmente uma manifestação diabólica sem justificativa histórica. Tudo que é incapaz de estimular a esperança histórica não é genuinamente histórico. Portanto, Bloch se mostra cego a um dos aspectos mais horripilantes da chamada Solução Final, ou seja, que ela foi um acontecimento histórico mundial de escala épica e fez parte de uma lógica sinistra, que também foi totalmente fútil, um puro desperdício e insensatez, uma negatividade que ainda assombra a história moderna e com a qual nada de construtivo pode ser feito. Por isso, ela desmascara o hegelianismo maníaco de Bloch.

Às vezes nos esquecemos de que na frase *Et in Arcadia Ego* (E eu estou no Paraíso) quem fala é a Morte. Nenhuma utopia imaginável poderia superar o fato de que o ser humano é mortal. Porém, com um misto de húbris e sofisma, Bloch – para quem, em razão de um temperamento mais melancólico, a morte é a antiutopia suprema – sugere que até mesmo isso pode finalmente se mostrar possível. Existe mais de um gesto vago na direção da imortalidade em *O princípio esperança*. "A certeza da consciência de classe", ele escreve, "... é de fato um Novum contra a morte", querendo dizer que, embora eu morra, nós não morreremos.[33] Além disso, se a nossa verdadeira identidade se

---

32 Ibid.
33 Ibid., v.1, p.1173.

encontra no futuro, ela não pode ser destruída porque ainda não existe. O que ainda não chegou não pode desaparecer. Já houve argumentos mais rigorosos na história da filosofia. Uma vida que se realizou plenamente, Bloch sugere, não pode ser tocada pela morte. A autorrealização plena significaria o final dos tempos e do progresso, e, junto com eles, da mortalidade. Existe um "elemento imortal" no âmago de cada indivíduo, de modo que "sempre que a vida se aproxima do seu âmago, a imortalidade começa".[34] Na frase epicurista: onde o Homem está, a morte não está. É um sentimento comovente, mas totalmente infundado. Na verdade, acontece justamente o contrário. É com a humanidade que a morte chega à consciência.

A atitude de Bloch diante da morte é profundamente não marxista, mas também é quase não cristã. O cristianismo não ensina que existe um espírito imortal no âmago do indivíduo que irá sobreviver à destruição do corpo. Ele defende, isso sim, que não existe identidade pessoal autêntica sem o corpo, e é por isso que a redenção precisa incluir sua ressurreição; e que, embora a morte seja um ultraje, somente nos curvando à sua exigência – num gesto de desprendimento que é, ao mesmo tempo, a estrutura interna do amor – é que seu ferrão pode ser arrancado. A ressurreição para Bloch significa a possibilidade de imortalidade, mas ele não pesa suficientemente o fato de que não pode haver ressurreição sem crucificação. A morte precisa ser vivida até o fim se quiser se mostrar proveitosa, percorrida até o limite em vez de repudiada numa ilusão de invulnerabilidade. Só assim é que a força pode ser arrancada da fraqueza. O cristianismo concorda com o marxismo quanto à fé de que a vida autêntica só pode brotar de uma perda do ser, e ambas as doutrinas discordam a esse respeito do triunfalismo blochiano. Bloch pode acolher a decisão de Kierkegaard em *O desespero humano* de que a vida resgatável precisa passar por todas as formas de negatividade, mas é difícil sentir que, na expressão hegeliana, ele se demore suficientemente

---

34 Ibid., v.3, p.1182.

com o negativo – que a esperança seja capaz de se submeter aos seus estragos sem uma única garantia na manga, ou possa enfrentar a possibilidade de que toda a aventura humana talvez seja um exercício completamente absurdo. Para ser duradoura e sólida, a esperança precisa custar caro, ao passo que um dos problemas com o universo de Bloch é que o lugar está cheio dela. Ela é visível para onde quer que se olhe, nesta lenda popular ou naquela imagem mitológica, neste fragmento de sabedoria misteriosa ou naquela configuração espacial inspiradora.

Nesse sentido, a esperança é imanente na realidade de uma forma penetrante demais; porém, ela também é transcendente demais, pertence muito pouco a este mundo. O que ela almeja finalmente é a perfeição. Esse é um objetivo irracional; e aqueles que nos convidam a esperar irracionalmente correm o risco de nos mergulhar numa insatisfação crônica. Existe um inquietante tudo ou nada nas reflexões de Bloch, uma aversão a se contentar com metade, uma atração quase patológica pela plenitude. Isso pode ser percebido na avidez com que ele absorve vastas porções da cultura humana. A imaginação blochiana é exagerada, hiperbólica e cheia a ponto de explodir, como se o menor sinal de deficiência ameaçasse seu sonho de perfeição. Não há dúvida de que esse é mais um motivo da animosidade de Bloch contra Freud, para quem mesmo o desejo satisfeito contém um resíduo insaciável. Freud, por sua vez, certamente encontraria no futuro ideal de Bloch uma imagem do passado irremediavelmente perdido da criança. Na verdade, não é difícil perceber que o *Totum* de Bloch é uma espécie de fetiche que representa uma carência insuportável. Em certo sentido, a esperança para ele é valiosa porque significa a morte do desejo. "O desejo", ele observa, "não continua eternamente insatisfeito".[35] A esperança preserva um pouco da estupidez do desejo, o fato de que ele nunca sabe realmente o que procura; mas ela também lhe dá um toque afirmativo, e, ao fazê-lo, preenche a sua carência

---

35 Ibid., v.1, p.288.

angustiante. Seu objeto é nada menos que o *Totum*, o que lhe confere uma meta bastante grandiosa; mas, como esse objetivo é tão abrangente a ponto de não ser nada muito específico, a esperança conserva um pouco da indeterminação do desejo, e, além disso, a sua característica incondicional imponente. Ela não deve ser reduzida ao meramente empírico, o que, certamente, é um dos motivos pelos quais o futuro blochiano é tão perturbadoramente indefinido. Definir a esperança de forma mais rigorosa seria fazer que ela, a protagonista heroica da obra de Bloch, descesse ao nível das simples aspirações sublunares. Se quiser evitar ser confundida com nossos desejos mais mundanos, ela deve ser incapaz de dizer o que pretende.

Se a realidade é mudança e desenvolvimento, por que um futuro acabado deveria acontecer um dia? Bloch considera que a matéria está sempre inacabada, mas não deveríamos supor que isso significa que ela poderia ser acabada um dia. A característica de que ela não pode ser acabada faz parte da sua natureza. Não é que a matéria ainda tem de se aperfeiçoar, mas que ela não seria matéria se o fizesse. Como então o *telos* da história pode estar em contradição com o processo que lhe dá origem? Bloch escreve que "o *Totum* é uma esperança que põe o mundo todo em harmonia com uma perfeição total",[36] mas desconsidera a relação entre a insatisfação humana e a natureza material da realidade. Só com a eliminação da própria matéria é que a tragédia poderia ser superada. A morte do desejo significaria a morte da humanidade. Pode ser que haja, de fato, perfeição em abundância. Mas não para nós.

---

36 Ibid., v.3, p.1192.

4
Esperança contra a esperança

Radical Hope [Esperança radical], de Jonathan Lear, relata como Plenty Coups [Muitos Golpes], o último grande chefe da tribo americana dos crows, percebeu que o modo de vida do seu povo estava à beira de um colapso catastrófico, e que "para sobreviver – e, talvez, prosperar novamente – os crows tinham de estar dispostos a abrir mão de quase tudo que, para eles, representava a boa vida", sem nenhuma garantia de um desfecho favorável.[1] Assolados pela doença, destruídos pelas tribos rivais dos sioux e blackfeets e despojados da maior parte de seus búfalos, os crows perderam quase dois terços da população na década de 1890, antes de serem finalmente agrupados numa reserva. Plenty Coups recebera num sonho um apelo divino para que aceitasse a destruição do modo de vida da sua tribo, confiando que só dessa maneira seu povo poderia lutar até o fim por um objetivo desejável. Sua esperança, nas palavras de Lear, era que, "mesmo com a destruição das formas tradicionais da subjetividade dos crows, eles poderiam, apesar disso, sobreviver e prosperar

---
1 Lear, *Radical Hope*, p.92.

novamente".² Pensamos nas palavras de Jó para Iavé: "Mesmo se me matares, terei esperança em ti".

Através de uma destruição radical, que o chefe não tinha a mínima vontade que acontecesse, a boa vida poderia ser reconquistada, mesmo se o próprio Plenty Coups não tivesse mais que um vislumbre do que aquilo poderia significar. Em sua opinião, ter esperança era reconhecer que havia possibilidades que ultrapassavam o que se poderia imaginar naquele momento. A fé e a esperança são mais necessárias onde o conhecimento é difícil de encontrar. "Quando os búfalos desapareceram", observou Plenty Coups, "o ânimo do meu povo caiu por terra e ele não conseguiu mais se recuperar. Depois disso, não aconteceu mais nada".³ A morte dos búfalos anunciou o fim da história. De acordo com Lear, os crows tinham perdido os conceitos que lhes permitiam construir uma narrativa. Já que o esquema que determinava o que era considerado um acontecimento tinha sido destruído, não havia mais nada a ser contado. No entanto, a destruição da "subjetividade dos crows", como Lear a denomina, pode limpar o terreno para o renascimento, de modo que a história possa começar a acontecer novamente.

As decisões que o chefe enfrentou não podiam se basear nos termos morais existentes. Só mais tarde, quando uma nova matriz de compreensão tivesse emergido da catástrofe, o significado da sua esperança poderia ficar claro para ele. Plenty Coups sonha que uma tempestade se aproxima, mas a destruição que ela provocará só será compreendida retrospectivamente, à luz de conceitos que terão sido, eles próprios, transformados pelo caos iminente. A esperança radical, escreve Lear, "antevê um bem para cuja compreensão aqueles que têm a esperança ainda não dispõem dos conceitos apropriados". "Uma cultura", ele observa, "não tende a ensinar sua juventude a

---

2 Ibid., p.97.
3 Ibid., p.2.

suportar seu próprio colapso",⁴ de modo que a incapacidade de imaginar sua própria destruição será geralmente um de seus pontos fracos. Em que possível metalinguagem uma civilização poderia avaliar plenamente sua própria inexistência, uma situação que ela só poderia compreender corretamente saindo da própria pele?⁵ Diante do colapso da estrutura interpretativa da tribo, qualquer forma muito definida de esperança não era mais possível. Como T. S. Eliot poderia ter dito, nessa situação, a esperança certamente teria sido uma esperança pela coisa errada. Portanto, como Abraão com a faca na garganta de Isaac, Plenty Coups estava comprometido com uma visão do bem que superava sua própria capacidade de compreendê-la. Ele foi devolvido àquilo que chamamos anteriormente de esperança fundamental ou incondicional.

Levantes revolucionários transformam as próprias estruturas hermenêuticas dentro das quais eles acontecem, de modo que a tentativa de compreendê-los corretamente precisa sempre ser postergada. O voo ao entardecer da coruja de Minerva de Hegel é um caso exemplar. "Se um povo está efetivamente no limite histórico do seu modo de vida", Lear observa, "há muito pouco que ele pode fazer para 'espiar do outro lado'. Justamente porque ele está prestes a sofrer uma ruptura histórica, a estrutura detalhada da vida no outro lado está necessariamente além da sua compreensão".⁶ É com esse espírito que Marx começa *O 18 de brumário de Luís Bonaparte* lançando um dardo satírico nos revolucionários que extraem seus recursos simbólicos do passado, em vez de estarem sintonizados com o que ele chama, de forma enigmática, de "poesia do futuro". Se a transformação radical é um conceito difícil de entender, é porque ela exige perspicácia e lucidez, precisão e avaliação, mas tudo em nome de um objetivo que é necessariamente obscuro. Projetar um futuro é recorrer

---

4 Ibid., p.83.
5 Ibid., p.101.
6 Ibid., p.76.

inevitavelmente à experiência do presente, e, portanto, ser incapaz de superar o que já sabemos; porém, de que outra forma é possível gerar um futuro que exceda o nosso conhecimento atual? Da mesma forma que não poderíamos saber que seres absolutamente estranhos estavam infestando a sala de estar, como poderíamos sequer identificar um futuro que fosse inteiramente descontínuo com o passado?

Apesar disso, Plenty Coups considerava que tinha razão para esperar por uma passagem digna sobre o abismo que dividia o presente do futuro. Acontece que ele era um cristão batizado que considerava que seu compromisso com Deus sustentava sua confiança num futuro que ultrapassava seus próprios esforços para compreendê-lo. Mesmo assim, era suficientemente realista para reconhecer que não era necessário que o modo de vida dos crows continuasse existindo, e que a morte seria preferível a certos desfechos possíveis. No caso, sua fé foi bastante útil: a tribo aceitou finalmente viver numa reserva, mas o governo americano lhes devolveu parte das suas terras. Como Einstein observou, se uma coisa não parece absurda de início, não há esperança para ela.

Como o exemplo de Plenty Coups ilustra, o tipo mais autêntico de esperança é o de que é possível salvar qualquer coisa, sem garantias, de uma destruição geral. Esse tipo de esperança representa um resíduo irredutível que se recusa a ceder espaço, extraindo a sua resiliência de uma abertura para a possibilidade do desastre completo. Portanto, ele está tão distante do otimismo como se poderia imaginar. Ele também se situa a uma distância cautelosa do universo esperançoso de Ernst Bloch. É claro que isso não quer dizer que toda esperança empírica precisa ser desse tipo. A esperança de que faça bom tempo amanhã não é obrigada a atravessar uma noite escura da alma na qual a possibilidade de um tsunami é melancolicamente contemplada. Pelo contrário, essa modalidade de esperança, sobretudo quando se trata de história política, é um paradigma da esperança em geral – o que quer dizer, paradoxalmente, que o caso exemplar da esperança é a tragédia. Ou, pelo menos, o tipo de tragédia em que a esperança é uma questão de sobrevivência à catástrofe geral. Existem, certamente, ações trágicas tanto na arte como na realidade em que não há nada no final que sirva de consolo aos desamparados. Nada floresceu como resultado dos campos nazistas. Mesmo assim, não pode haver tragédia sem um senso de valor, quer esse valor realmente dê frutos ou não. Não podemos chamar de trágica a destruição de algo que não valorizávamos. Se a tragédia é mais letal que o pessimismo, é porque seu horror está misturado com uma percepção mais completa da dignidade humana. Talvez só pudéssemos superar inteiramente a tragédia abandonando a visão de que, antes de mais nada, existe algo a ser apreciado; nesse caso, poderíamos preferir ficar com isso.

A esperança, portanto, é aquilo que sobrevive à destruição geral – embora isso, no caso do *Rei Lear* de Shakespeare, pareça ser pouco ou nada. No entanto, a palavra "nada" tem uma ressonância ao mesmo tempo afirmativa e agourenta na peça. Quando Cordélia a pronuncia para o pai na abertura do drama, ela é um sinal de autenticidade, ao contrário do discurso mentiroso de suas irmãs Goneril e Regana:

Lear: ... que poderás tu dizer que mereça um terço mais opulento do que o delas duas? Fala.
Cordélia: Nada, meu senhor.
Lear: Nada?
Cordélia: Nada.
Lear: Nada virá do nada. Fala outra vez.
Cordélia: Infeliz de mim que não consigo trazer meu coração até minha boca. Amo Vossa Majestade como é meu dever, nem mais nem menos.

(ato 1, cena 1)

O "Nada" de Cordélia é efetivamente preciso: quando a linguagem foi deturpada além de qualquer medida por suas irmãs hipócritas, não existe realmente nenhuma forma pela qual ela possa superá-las verbalmente. Quando uma verdadeira nulidade (a falta de amor pelo pai de Goneril e Regana) foi alçada à categoria de tudo, só um nada deflacionário pode restabelecer uma noção do real. À medida que o drama se desenrola, percebemos como isso também se aplica às fantasias terapêuticas que Edgar, Kent e o Bobo moldam para o louco Lear e o ludibriado Gloucester – charadas, ilusões e trechos improvisados de teatro que deturpam o sentido da linguagem nos moldes das filhas mentirosas de Lear, mas agora em nome da restituição do bom senso ao rei e ao seu consternado cortesão. Goneril e Regana estabelecem que a verdade não é nada, enquanto para Cordélia nada é a verdade. A palavra, soando como um sino lúgubre através das falas de abertura da peça, anuncia o tom de realismo moral de que Lear necessita para não sucumbir.

Cordélia também é escrupulosa ao tratar da pergunta concreta de Lear. Ele não pergunta o que ela pode dizer para assegurá-lo do seu amor, mas (implicitamente) que hipérbole ultrajante ela é capaz de produzir que supere o discurso inflado de suas irmãs. Por sua vez, Cordélia não pretende que não pode dizer nada para transmitir seu amor, mas que está estupefata diante do contexto discursivo que seu pai lhe criou. É o iludido Lear que decide escutar sua resposta escrupulosamente correta como se fosse uma declaração de indiferença. Tão carente do amor ilimitado das filhas como uma criança é carente do amor dos pais, ele moldou uma peça de teatro dentro da qual o discurso da sua filha está fadado a ser invalidado. Portanto, ao lhe pedir que fale, ele, simultaneamente, a silencia. Quem faz uma pergunta capciosa recebe uma resposta atravessada. Porém, o cálculo moral de Lear ("Nada virá do nada") se revelará espúrio à medida que o drama se desdobra. Por outro lado, se algo deve finalmente surgir, só pode ser das ruínas de um todo ilusório. Só aceitando sua própria materialidade e fragilidade Lear tem alguma esperança de superá-las.

A meticulosidade do "Nada" de Cordélia combina com a precisão da palavra "dever". Surpreendentemente, a palavra "nada" significa aqui uma espécie de determinação, uma questão de limites e preferências, enquanto, paralelamente, "dever" sugere uma forma definitiva de amor. Aqui, como em *O mercador de Veneza*, Shakespeare joga com o duplo sentido de "dever", tanto um contrato formal como uma união carnal. Lear enxerga apenas uma relutância evasiva na precisão da filha, alheio ao fato de que uma afeição inspirada na obrigação tradicional provavelmente se mostre mais fecunda e duradoura que aquela à mercê de um impulso erótico ou um capricho subjetivo. Para Cordélia, amar Lear de acordo com o seu dever é amá-lo como uma filha dedicada.

O "Nada" de Cordélia é uma barragem contra o excesso, já que a peça reflete sobre o contraste entre as formas de superfluidade que são vivificantes (graça, perdão, recusa do interesse mesquinho, a crença de que ir além da medida é o padrão dos seres humanos) e as que são prejudiciais. Em determinado momento, Kent descreve seu próprio jeito de falar como "a mais pura verdade; não tirei nem botei – é só o que aconteceu" (quarto ato, cena 7), uma compensação negada à Cordélia da cena de abertura, que é obrigada a ser breve devido ao excesso de suas irmãs. Porém, é uma compensação difícil de alcançar no geral, já que ela é um sinal de humanidade que deve ser supérfluo ou autossuperado por sua própria natureza, produzindo um excesso a respeito de uma determinada necessidade a que damos o nome de história, cultura ou desejo:

> *Lear*: Oh, não vamos discutir necessidades! Nossos miseráveis mais miseráveis
> Sempre têm alguma coisa que é supérflua às suas necessidades miseráveis.
> Se concedermos à natureza humana apenas o que lhe é essencial,
> A vida do homem vale tão pouco quanto a do animal.
> (segundo ato, cena 4)

Entre as formas de esbanjamento mais destrutivas em *Lear* está o "excesso", no sentido econômico do termo, o qual envolve os ricos como uma segunda camada de gordura, impedindo-os de sentir a miséria dos pobres, e, portanto, de agir para aliviá-la. Na opinião de Lear, essa forma de excesso é propícia a uma distribuição proveitosa:

> Pobres desgraçados nus, onde quer que se encontrem
> Sofrendo o assalto desta tempestade impiedosa, com as cabeças descobertas e os corpos esfaimados,
> Cobertos de andrajos feitos de buracos, como se defendem vocês de uma
> Intempérie assim? Oh! Eu me preocupei
> Bem pouco com vocês! Pompa do mundo, é este o teu remédio;
> Expõe-te a ti mesmo no lugar dos desgraçados,
> E logo aprenderás a lhes dar o teu supérfluo,
> Mostrando um céu mais justo.
>
> (terceiro ato, cena 4)

A recém-descoberta solidariedade de Lear com os necessitados contém o que se poderia chamar de política da nulidade. Ao ser obrigado a confrontar sua própria fragilidade, ele consegue se investir mais uma vez com um *status* representativo, não mais como rei, mas como um modelo de destituído.

Se o próprio Lear é obrigado a passar por esse autodespojamento pelas circunstâncias, Edgar se apropria espontaneamente dele:

> Enquanto estou livre devo arranjar um meio de salvar minha vida. Estou resolvido
> A assumir a aparência mais vulgar e miserável,
> O limite em que a miséria, na sua degradação do homem,
> O aproxima do animal. Sujarei meu rosto com estrume,
> Enrolarei trapos na cintura, como os duendes darei nós nos meus cabelos
> E, expondo minha nudez,
> Afrontar os ventos e as inclemências do céu...

Ainda é alguma coisa. Edgar já não é nada.
... Ser um pobre maltrapilho, um pobre Tom!

(segundo ato, cena 3)

Edgar, que, de todo modo, é um pária, é o tipo de protagonista trágico que escolhe o próprio destino, aceitando-o e até mesmo parodiando sua própria privação, porém (já que não age assim em virtude de uma decisão livre), transcendendo-o nesse exato momento. Como Cordélia aos olhos do marido, o rei da França, ele é "riquíssimo, sendo pobre". É assim que ele consegue sobreviver no final da peça, um dos poucos personagens importantes a fazê-lo. Seu irmão Edmundo também prospera, ao menos por algum tempo, ao ceder à pressão, mas, no seu caso, dos rigores de sua própria natureza predatória. Como inúmeros vilões shakespearianos, ele é um cínico e um naturalista rematado para quem os valores morais são um simples constructo convencional sem base na realidade, e a Natureza (incluindo seus próprios apetites) uma coisa neutra e rigorosamente determinista – uma coisa que, no entanto, pode ser manipulada em proveito próprio quando nos inteiramos das suas leis imutáveis. É a essa ideia de Natureza, uma ideia na qual a educação ou a cultura jamais irá se fixar, que Edmundo defende que devemos ser fiéis – uma crença incoerente, é claro, já que não existe nada na Natureza assim definida que possa motivar tal fidelidade a ela. Não está claro, em outras palavras, se a submissão à Natureza é uma realidade ou um valor. Se a baixeza de Edmundo resulta de uma decisão moral, podemos admirar sua audácia, embora suspeitemos que ela abala suas teorias deterministas; se ele não pode deixar de ser o rufião que é, seu sistema filosófico se sustenta enquanto nossa admiração por sua desfaçatez cai por terra.

Em sua própria opinião, Edmundo é incapaz de ser outra coisa que não ele mesmo. Por isso, tem uma afinidade irônica com Cordélia, embora, ao contrário dela, ele possa disfarçar sua natureza para satisfazer suas exigências. A capacidade de ocultar o que é faz parte do que ele é, um aspecto da sua identidade imutável. Como a camuflagem animal, essa é uma das formas de predomínio que uma Natureza brutalmente amoral lhe permite. O mesmo se aplica a Iago. Não é o caso de Goneril e Regana, que, depois da artimanha inicial, se mostram incapazes de transgredir sua própria natureza estabelecida da forma mais destrutiva. Embora elas possam exercer um tipo falso de superfluidade, por meio da bajulação grandiloquente do pai, não se comprazem com algo simplesmente gratuito. Como Lear, seu cálculo moral é falho, já que são incapazes de compreender por que seu pai quer uma comitiva de cem cavaleiros quando, a rigor, não precisa deles. Ao contrário da precisão de Cordélia, a delas é cruel, automática e desumana.

Existe alguma esperança na peça? Afinal de contas, Cordélia morre, apesar do fato de que ela sobrevive em todas as fontes originais da história a que Shakespeare recorreu, e a maioria dos outros personagens importantes perece ou aparece punido e diminuído. Mas não deveríamos prestar atenção simplesmente naquilo que a própria peça chama de "aversão" a uma conclusão, como se a esperança fosse uma questão meramente teleológica. Pode até haver um sentido no qual as mortes de Lear e Cordélia ironicamente destroem essa expectativa, advertindo-nos para não apostar tudo no nosso pressentimento de um desfecho. Existe esperança, por exemplo, no fato de que o final melancólico que presenciamos não é, de modo algum, predestinado. Nessa medida, o próprio drama parece não compartilhar do determinismo truculento de Edmundo. Não é difícil perceber como as coisas poderiam ter sido diferentes se Lear não fosse tão teimoso. "Uma incerteza radical assombra toda história de tragédia", escreve Stanley Cavell, uma afirmação que não é uma verdade universal (existem tragédias do destino), mas que é suficientemente verdadeira em relação a *Lear*.[7] Pode não restar muita esperança no final da história de Lear, mas, para começo de conversa, também não havia nenhum bom

---

7 Cavell, *Disowning Knowledge in Seven Plays of Shakespeare*, p.112.

motivo para ter esperança no início. Nesse sentido, sobreviventes esgotados e ensanguentados como Edgar e Kent podem muito bem alegar que existe muita esperança, mas não para eles.

A incerteza e a indeterminação podem ajudar a provocar a tragédia, como acontece nos romances de Thomas Hardy, mas também podem enfatizar a sua evitabilidade. O que o filósofo Quentin Meillassoux considera a gratuidade evidente do dado pode destruir falsas versões da necessidade e, com elas, uma sensação espúria de trágica fatalidade. Na opinião de Meillassoux, é o ateísmo que está na origem da esperança, já que a morte de Deus assinala a morte da necessidade e o nascimento da incerteza, e, enquanto houver incerteza, haverá esperança.[8] As palavras "inexistência divina", ele observa, "claras e puras como a luz do luar, garantem a esperança desde que uma pessoa justa continue existindo".[9] Existe esperança desde que falte um desfecho à história. Se o passado era diferente do presente, o futuro também pode ser.

Lear morre, embora longe de estar desesperado. Sua certeza de que Cordélia ainda respira pode ser uma ilusão, mas também pode ser considerada uma promessa de ressurreição. Comentando a cena, Walter Stein nos lembra que "o próprio símbolo clássico da redenção cristã é um corpo imóvel e sem vida".[10] Aqueles como Lear, que se desligam da realidade por meio da arrogância e de fantasias egoístas, precisam ser subjugados e readaptados, massacrados até se transformarem num resíduo de carne que eles não consigam rejeitar; e o fato de não haver garantia de que é possível sobreviver intacto a esse processo não anula o seu valor. Espalhar nossas ilusões talvez não signifique florescer, mas na arte trágica isso geralmente é uma pré-condição. Mesmo se suas palavras finais expressam uma falsa esperança, Lear se sai melhor nesse aspecto que aqueles personagens trágicos – do

---

8 Ver Meillassoux, *After Finitude*.
9 Citado por Harmon, *Quentin Meillassoux: Philosophy in the Making*, p.121.
10 Stein, *Criticism as Dialogue*, p.144.

Otelo de Shakespeare ao construtor de Ibsen e a Willy Loman de Arthur Miller – que vão ao encontro da morte ainda mais ou menos iludidos, e cuja condição, nesse sentido, é mais crítica que a dos arrependidos e lúcidos. Capaz, finalmente, de confrontar sua própria falsa consciência, Lear se arrepende e pede humildemente perdão, o que não se pode dizer de Macbeth ou da senhorita Júlia. O fato de que nem ele nem Cordélia consigam sobreviver não consegue subverter esse valor. Nem a morte dos personagens principais é capaz de abalar a integridade da poesia que os recorda. Nesse sentido, a própria capacidade artística da peça condena qualquer desencanto excessivamente simplista.

Já vimos que a própria obra contém diversas alegorias e charadas surreais; e estas são, em sua maioria – a exemplo do mergulho ilusório de Gloucester da extremidade simbólica do despenhadeiro de Dover –, exemplos de arte a serviço da realidade. Um monarca enlouquecido, um cortesão extremamente distraído, um Bobo profissional, um jovem nobre que finge ter perdido o juízo e um aristocrata disfarçado de plebeu sincero tecem uma rede de fantasias grotescas que oferecem a Lear e Gloucester o único acesso à verdade que lhes restou. É como se o rei estivesse tão mergulhado em seus delírios que a sua situação não pudesse ser encarada de frente, só pudesse ser desmontada a partir de dentro numa conspiração de parvos e loucos. Quando a própria verdade se torna fraudulenta, só uma mistura homeopática de ilusões pode restaurá-la. Ao adaptar essas alegorias heurísticas, a peça faz uma alusão indireta a seus próprios poderes terapêuticos. Ao anunciar a extremidade à qual o protagonista é trazido, a tragédia é, por esse próprio ato, capaz de olhar para além dela. Pensamos na observação de Bertolt Brecht em *Dialoge aus dem Messingkauf* [Diálogos de Messingkauf]: "A linguagem, por meio dos sons ou, melhor ainda, das palavras, é uma enorme libertação, porque ela significa que o sofredor está começando a produzir algo. Ele já está misturando seu sofrimento com uma descrição dos golpes que recebeu; já está criando algo a partir de uma situação extremamente arrasadora. A observação se pôs em marcha".[11] Na tragédia, escreve Roland Barthes em *Sobre Racine*, a pessoa nunca morre porque está sempre falando. Nomear um desastre é demarcar seus limites e conferir-lhe uma forma palpável, de modo que, como escreve Yeats a propósito de *Hamlet* e *Lear* em "Lapis Lazuli", "Eles não podem aumentar uma polegada nem uma onça". Não pode haver angústia maior para Lear ou Hamlet além daquela que testemunhamos no palco. Nesse sentido, a própria peça representa um final absoluto aos sofrimentos de seu protagonista, assim como a própria arte se torna uma imagem da morte com a qual ela se ocupa. Mesmo assim, é possível alegar que, ao procurar redimir o sofrimento de uma forma simbólica, a tragédia corre o risco de diminuir sua força. Apegada à perfeição formal, ela tem dificuldade de lidar com o aleatório e amorfo.

Quando a arte trágica é pressionada ao extremo, a vida cessa totalmente ou começa a se agitar novamente. Quando Edgar exclama que "O pior ainda não veio/ se conseguimos dizer: 'Isto é o pior'", pode parecer que é esta última possibilidade que ele tem em mente. Desde que a calamidade possa ter uma voz, ela deixa de ser a palavra final. A esperança só chegaria a um impasse quando não pudéssemos mais identificar a crueldade e a injustiça por aquilo que elas eram. Falar de desesperança precisa pressupor logicamente a ideia de esperança. É quando o significado enquanto tal desmorona que a tragédia não é mais possível; de modo que, se o próprio *Rei Lear* continua a ter sucesso como um acontecimento artístico, isso é uma demonstração do fato de que a catástrofe não pode ainda ter acontecido. Parece não haver "pior" na obra de Samuel Beckett, uma vez que sempre se pode se desintegrar um pouco mais, sentir mais um membro enrijecer, deslizar alguns centímetros na direção da decrepitude, do modo como Gerard Manley Hopkins se vê lançado vertiginosamente, em um de seus sonetos mais sombrios, de uma pontada de desespero para outra, sem nenhum fim à vista. Porém, nem no caso de Beckett

---

11 Brecht, *The Messingkauf Dialogues*, p.47.

existe qualquer morte ou encerramento definitivo, já que a linguagem continua seguindo em frente, tateando como um mendigo cego. "Se o desespero induz à fala ou ao raciocínio", observa Albert Camus, "e, sobretudo, resulta na escrita, a fraternidade se estabelece, os objetos naturais são justificados, o amor nasce. Uma literatura do desespero é uma contradição em termos".[12]

Para sermos capazes de falar de um cataclismo é preciso que algo tenha sobrevivido, mesmo que seja apenas um mensageiro distraído ou um pedaço de papel. O fato de Plenty Coups contar que as coisas pararam de acontecer quando os búfalos se foram é, em certo sentido, uma contradição, já que a simples declaração vale por um acontecimento, por mais lamentável e mísero que ele seja. O discurso e a capacidade de testemunhar seguem aos trancos. O fim de tudo poderia não deixar nenhum legado, apesar daqueles evangélicos norte-americanos que estavam planejando, alguns anos atrás, filmar a Segunda Vinda e ponderavam que ângulos de câmera (da Antártida? do Equador?) poderiam se mostrar mais produtivos. De forma semelhante, a morte não é um acontecimento para aqueles que passam por ela, mas o fim da própria narrativa.

Como observa Edgar algumas falas antes:

> ... O pior,
> O mais baixo e abjeto filho da fortuna,
> Ainda tem esperança, não vive com temor.
> A lamentável mudança é do melhor.
> O pior retorna para o riso.
>
> (quarto ato, cena 1)

O pior é, num sentido perverso, uma fonte de esperança, trazendo, como o faz, a garantia de que não é possível descer mais. A pessoa pode então relaxar, já que não é provável que nenhum esforço

---

12 Citado em Williams, *Modern Tragedy*, p.176.

significativo repare sua condição. Ela evoca a charada em que um interlocutor insiste com o outro "As coisas não podem piorar", a que o outro responde "Oh, sim, podem". Qual deles é o otimista e qual o pessimista? "Se alguém se estabeleceu na pior posição, na mais baixa e mais esquecida pela sorte", escreve Enrique Vila-Matas em seu romance *Dublinesca*, "pode continuar tendo esperança e não viver com medo". Max Horkheimer comenta em sua *Crítica da razão instrumental* que Schopenhauer conhece mais que qualquer outro pensador a respeito da esperança justamente porque ele enfrenta uma situação de absoluta desesperança.[13] Para Pascal, o mero horror da nossa condição é uma fonte irônica de esperança, já que ele sugere exatamente quais os recursos da graça divina devem estar à mão para corrigi-lo. Malcolm Bull menciona o *Muselmann*, ou morto-vivo, dos campos de concentração nazistas, como alguém "redimido por sua própria desesperança", invulnerável à esperança e, portanto, à dor.[14] O poder não pode dominar aqueles que são indiferentes às suas artimanhas. Os homens e as mulheres que não têm nada a perder, como o mendigo cuja *persona* Edgar adota, ou o psicopata Bernardino em *Medida por medida*, podem se revelar destemidos, invulneráveis e, portanto, perigosos. Pressionado ao extremo, o autodespojamento pode virar um tipo curioso de liberdade, como algo rico e raro que surge do nada.

Portanto, desde que exista linguagem, a esperança continua possível; no entanto, não é isso realmente que Edgar tem em mente. Ele está advertindo dos infortúnios que ainda podem vir, prevendo uma situação em que mesmo a capacidade de dar voz ao horror nos seria negada. Como bem sabe o Filoctetes de Sófocles, o que é especialmente resistente ao discurso é a dor. A verdadeira tragédia ultrapassaria a tragédia, chamando-a de estúpida, como Lear chama Cordélia. A verdadeira calamidade implicaria a extinção da palavra.

---

13 Horkheimer citado por Löwy, *Fire Alarm: Walter Benjamin's "On the Concept of History"*, p.83.
14 Bull, *Anti-Nietzsche*, p.123.

A esperança é extinta quando a linguagem é destruída. Não é verdade que a linguagem pode reparar a situação de alguém simplesmente conferindo um nome a ela, mas é verdade que não se pode repará-la sem fazer isso. A célebre tese 11 de Marx sobre Feuerbach, que sustenta a necessidade de mudar o mundo em vez de interpretá-lo, parece, à primeira vista, não reconhecer que a segunda é uma pré-condição essencial da primeira.

"Só uma coisa continuou alcançável, próxima e protegida em meio a todas as perdas: a linguagem", escreve Paul Celan a respeito dos campos de concentração. "Sim, a linguagem. Apesar de tudo, ela continuou protegida contra a perda."[15] Mas isso também pode ser um malogro total. Seu isolamento contra a perda não é, de modo algum, confiável. Há quem considere que os horrores do Holocausto superam qualquer discurso e, por isso, estão fora do alcance da arte trágica. Enquanto as carreiras de Hamlet ou Hedda Gabler estão bem delineadas, já que esses personagens só existem como padrões textuais específicos, um acontecimento como o Holocausto resiste a qualquer projeto semelhante. Mesmo assim, podemos tentar combinar os dois sentidos opostos do discurso de Edgar. Não poderíamos citar uma situação em que estivéssemos desnorteados, mas que, no ato de especificá-la, tentássemos chegar a um acordo com ela? Isso não está fora de cogitação. As pessoas diagnosticadas com demência, e que sabem que dentro de alguns anos terão deixado para trás o discurso coerente, ainda podem reunir os recursos para seguir em frente.

Apesar dos temores de Edgar, parece haver esperança suficiente nas últimas comédias de Shakespeare, em que crianças perdidas são encontradas, inimigos do passado se reconciliam, os perversos são levados a se arrepender, as esposas mortas ressuscitam milagrosamente, a Natureza é retratada como uma força regeneradora e as antigas feridas são extintas pela ação curativa do tempo. A morte de Cordélia dá lugar ao retorno à vida de Hermione em *Conto de inverno*. Porém, não

---

15 Celan, *Collected Prose*, p.34.

parece haver redenção nesses últimos dramas sem a ajuda da graça, da arte, da magia e do milagre. Deixadas à própria sorte, parece improvável que a história e a política anunciem a Nova Jerusalém. É preciso vagar além desses domínios – ir para o campo, para uma ilha deserta, encontrar-se com as pessoas comuns, os mitos e os contos de fadas, os ciclos restauradores da Natureza, a geração mais jovem, a capacidade regenerativa dos oceanos – em busca dos recursos que possam renová-los. Os versos belíssimamente criativos de *Conto de inverno* mantêm a crua realidade a uma distância segura, estilizando e compactando a ação trágica. Próspero, em *A tempestade*, consegue derrotar seus inimigos e retomar seu reino, mas só porque possui poderes sobrenaturais negados a Timon ou ao Danton de Büchner. Devemos considerar que esses poderes simbolizam a própria arte, embora a arte só possa se reconciliar e se transfigurar dentro dos limites de um texto ou de um teatro. Nesse sentido, existe um certo pessimismo em relação à varinha mágica de Próspero, o mesmo que existe em relação ao ambiente não realista da própria peça. Numa ilha mágica, como numa obra de ficção, podemos conceder uma certa liberdade de ação às forças do mal a fim de controlá-las em nossos próprios termos, um projeto muito menos plausível na realidade. Há conflitos e perigos, é claro, mas essas coisas são moldadas desde o início na forma da sua solução possível. Porém, mesmo assim a tragédia do passado não pode ser totalmente reparada, do mesmo modo que a morte da criança Mamillius não pode ser revertida no final do *Conto de inverno*. Na verdade, nenhuma morte pode ser cancelada. Mesmo o corpo ressuscitado de Jesus traz as marcas da sua execução.

    Entretanto, talvez os truques engenhosos das últimas comédias sejam, apesar de tudo, realistas. Eles simbolizam não apenas a arte, mas a graça, que, para Shakespeare e seu público, era certamente bastante real. Se os espíritos mágicos e as estátuas que se movem são mais que artifícios dramáticos é porque o objetivo é que eles sejam alegorias de uma forma mais profunda de transcendência. O drama shakespeariano parece atribuir à doutrina católica que a graça aperfeiçoa a natureza em vez de aboli-la. Não existe salvação na própria natureza humana, mas essa natureza é propícia a sua própria autotranscendência. A dinâmica por meio da qual a humanidade pode ir além de si mesma é a que está incorporada em sua condição. É por isso que Nietzsche está equivocado em advertir seus leitores para "continuarem fiéis à Terra, e [não] acreditarem naqueles que lhe falam de esperanças do outro mundo".[16] Por outro lado, é a ligação com o presente que motiva nossa esperança de um futuro transformado, de modo que ser fiel àquilo que temos é acreditar em sua transformação.

Existe um grau de pessimismo no fato de que a Natureza não pode transcender a si mesma graças aos seus próprios poderes, mas um bocadinho de esperança no fato de que a graça que a transforma é um potencial dentro dela, um pouco como a arte está baseada na realidade material que ela reconfigura. A arte pode remodelar essa realidade, como a graça pode transformar a Natureza, mas ela também é um produto daquilo com o qual ela trabalha. É uma dialética captada pelas palavras de Polixenes em *Conto de inverno*:

> Mas em nada melhora a Natureza,
> Senão por meios que ela mesma cria. Assim, essa arte
> A que vos referistes, que ajuda a Natureza, uma arte
> Feita por ela própria...
> ... Essa arte,
> Certo, corrige a Natureza... não, transforma-a; mas
> É uma arte que é a própria Natureza.
>
> (quarto ato, cena 3)

A obra de arte é um modo pelo qual a Natureza fornece os recursos da sua própria transformação. Mas como isso não se aplica às relações entre a Natureza e a graça, nesse caso existe um desvio entre

---

16 Nietzsche, *The Portable Nietzsche*, p.125.

imagem e realidade. A graça pode estar implícita na natureza humana, mas não é um produto dela. Em vez disso, é um dom divino concedido de além-fronteiras da história secular. E essa separação entre as duas esferas está destinada a modificar qualquer esperança excessivamente ingênua. Não devemos desesperar, porque a graça não é estranha à humanidade; não devemos deduzir, porque não é um processo orgânico tão espontâneo como o desabrochar de uma rosa. As últimas comédias defendem uma visão da "generosa natureza criadora" em tensão com a visão mais sombria que Edmundo tem do natural, e é por isso que a esperança precisa ser adequadamente moderada. Senão, subestimamos a degradação daquilo que precisa ser redimido, pagando barato por nossa transcendência. Sempre existem pessoas incorrigíveis como Malvólio que se recusam a ser arrastadas para um desfecho cômico, e, ao agir assim, nos lembram dos seus limites. A solução cômica também pode ser encenada de uma forma que atrai uma atenção irônica aos seus artifícios. Os virtuosos são recompensados e os depravados são despachados de mãos vazias, mas só porque estamos num teatro.

Porém, existe também a percepção da natureza de Perdita, que é um caso potencialmente mais subversivo que o de Edmundo ou Polixenes. Quando este último abusa da autoridade para separar os jovens amantes da peça, Perdita declara que

> Embora não ficasse muito atemorizada, pois estive uma ou duas vezes
> Para lhe ser franca, dizendo-lhe que
> O mesmo sol que brilha sobre sua corte
> Não esconde o rosto de nossa pobre choça
> E ambas contempla.
>
> (quarto ato, cena 3)

A Natureza, sustenta Edmundo, pode não saber nada de diferenças morais, mas também não respeita as diferenças sociais. Ela tem um igualitarismo rústico que representa uma ameaça à estrutura de poder dominante. Portanto, parte da estratégia da peça é neutralizar os riscos de importar recursos regenerativos da vida comum para a corte ao assegurar que Perdita, que defende a igualdade natural entre homens e mulheres, tenha sido o tempo todo, sem se dar conta, uma pessoa íntima da corte. Ela é uma princesa e também uma camponesa. Que um elemento do povo se mostre merecedor de ser guindado a um *status* nobre – já que, de qualquer modo, ela é secretamente uma aristocrata – é uma imagem adequada de como a graça está agindo potencialmente dentro da Natureza que ela exalta.

Pagar pouco pela transcendência não é um erro pelo qual se possa culpar Kierkegaard. Em *O desespero humano*, o desespero deve ser afirmado e também lamentado, já que é desse modo que a salvação pode ser adquirida por um preço elevado, ao contrário de um otimismo ordinário. O oposto da esperança pode ser uma alegria imatura, mas certamente não é a tragédia. "O desespero", escreve Kierkegaard, "é aquela doença a respeito da qual é o maior infortúnio não tê-la contraído; é realmente providencial contraí-la, embora ela seja a mais perigosa de todas as doenças se a pessoa não quiser ser curada dela".[17] Curiosamente, existe um mérito infinito em ser capaz de abandonar a esperança. O ego, Kierkegaard observa, "só é saudável e livre de desespero quando, justamente por ter desesperado, está baseado de maneira transparente em Deus".[18] A capacidade de desesperar representa a vantagem da humanidade em relação aos animais, e por isso figura como uma espécie de *felix culpa* sem a qual estaríamos completamente privados de espírito. Os desesperados almejam ser independentes, mas não conseguem alcançar essa condição; e isso, por si só, é um índice negativo de esperança que, como sói acontecer, aponta para o ego indestrutível do qual eles são incapazes de tomar posse. Para chegar à verdade, escreve Kierkegaard, "é

---

17 Kierkegaard, *The Sickness unto Death*, p.56.
18 Ibid., p.60.

preciso passar por todas as negatividades; é exatamente como diz a velha história a respeito de quebrar um determinado feitiço: ele não será quebrado até a peça ser tocada do começo ao fim de trás para a frente".[19] Para se arrepender, "é preciso desesperar com toda a intensidade, desesperar ao máximo, para que a vida do espírito possa irromper de baixo para cima".[20]

É uma forma conhecida de elitismo espiritual encontrada o tempo todo, de Baudelaire a Graham Greene. De acordo com esse ponto de vista, a maioria dos homens e das mulheres, como os homens ocos de Eliot, são excessivamente vazios espiritualmente até mesmo para serem condenados. Se eles conhecessem melhor Satã, poderiam conhecer um pouco de Deus. Só as pessoas dotadas de uma individualidade diferenciada são capazes de reconhecer como esse ego está baseado na eternidade, mas essa individualidade autêntica é difícil de conseguir. "A maneira mais segura de destruir um homem", observa o reitor em *Brand*, de Ibsen, "é transformá-lo num indivíduo", uma opinião que, no que diz respeito à humanidade normal, Kierkegaard endossaria inteiramente. Ao contrário das massas bovinas, as pessoas que se desesperam ao menos dão testemunho da sua própria introspecção moral. Por serem criaturas intensamente metafísicas, elas têm intimidade com os santos, e, por isso, são superiores ao que se poderia chamar de classe média moralista. Poderíamos chamá-la de síndrome de *Brighton Rock*.* Nesse sentido, a desesperança é um motivo de orgulho. Só as pessoas suficientemente resolutas para se apropriar de seus egos eternos podem enfrentar a perspectiva da perda absoluta, e, ao fazê-lo, revelar um espírito digno de ser salvo. Visto nesse contexto, o desespero se torna quase tão valioso quanto o paraíso. É pouco provável que Kierkegaard avalie a dimensão do pavor

---

19 Ibid., p.74.
20 Ibid., p.91.
  * Romance de Graham Greene, que em português recebeu o título de *A inocência e o pecado*. Brighton Rock é a cidade em que se desenrola a trama. (N. T.)

absoluto desse desespero, nos moldes do *Doutor Fausto* de Thomas Mann. Em vez disso, ele é um prelúdio essencial à graça divina, um *sine qua non* do crescimento espiritual.

Mesmo assim, Kierkegaard compreende um pouco do paradoxo trágico tanto da fé como da esperança. Tendo em mente o sacrifício de Isaac por Abraão, ele se refere às pessoas que creem como pessoas que estão convencidas da sua própria destruição, mas que, no entanto, confiam no fato de que, de alguma forma, essa não é a palavra final. Ele escreve que "neste caso, a contradição é que, em termos humanos, a destruição é certa e ainda existe uma possibilidade".[21] Que isto seja mais que meramente ilógico é corroborado pelo conselho de Viktor Frankl de que as vítimas dos campos de concentração não devem perder a esperança, "mas devem manter a coragem na certeza de que a inutilidade da nossa luta não diminui a sua dignidade nem o seu valor".[22] A esperança, mais uma vez, não é simplesmente uma questão teleológica. É possível perder a esperança, mas não desesperar. A exemplo da tragédia, o importante não é apenas o destino da pessoa, mas a relação que ela estabelece com ele. No mínimo, sempre se pode esperar que os outros possam aprender com o nosso sofrimento. Como a cultura ou a educação, podemos transmitir a esperança como um legado para a posteridade, embora nós mesmos tenhamos sido privados dela. Quando Santo Agostinho escreve que "a esperança tem como objeto apenas o que é bom, apenas o que é futuro e apenas o que afeta o homem que a acolhe",[23] ele está enganado nas três afirmações. Existem pessoas, por exemplo, que oferecem sua morte para aqueles que vêm depois delas, de modo que algo de útil possa resultar do fracasso.

---

21 Ibid., p.70.
22 Frankl, *Man's Search for Meaning*, p.71.
23 Agostinho, *Enchiridion: On Faith, Hope, and Love*, p.8. É verdade que a primeira afirmação de Agostinho está correta se, por "bom", ele quer dizer "desejado por aquele ou aquela que tem esperança".

Em *Vivendo no fim dos tempos*, Slavoj Žižek cita um diálogo entre Espártaco e um pirata, no filme *Spartacus* de Stanley Kubrick, no qual o pirata pergunta ao líder dos escravos se ele sabe que a sua revolta está condenada. Ele e seus homens continuarão lutando até o fim, mesmo diante da derrota inevitável? Espártaco responde que a luta dos escravos não é simplesmente para melhorar sua condição, mas é uma revolta baseada em princípios em nome da liberdade; portanto, mesmo se todos forem massacrados, sua insurreição não terá sido em vão. Muito pelo contrário, ela terá demonstrado seu compromisso incondicional com a emancipação. Como observa Žižek, "Seu próprio ato de revolta, seja qual for o resultado, já é considerado um sucesso".[24] O preço que Espártaco e seus companheiros pagariam para sobreviver sem lutar seria a sua integridade. Há momentos em que homens e mulheres precisam morrer para defender um princípio que faça que valha a pena viver. Existe mais em jogo na ação que resultados desanimadores ou agradáveis. Não recusaríamos um copo d'água a um homem preso debaixo da viga de um telhado só por sabermos que o resto do prédio estava prestes a desmoronar sobre ele e matá-lo. A esperança pode aceitar que a perda ou a destruição seja inevitável, que é o que a diferencia de algumas correntes do otimismo, e ainda assim se recusar a capitular. Nós podemos conservar um grau de dignidade e integridade, recusando-nos, nas palavras de Gabriel Marcel, a perder o controle. Ninguém quer tornar ainda mais doce a vitória de seu inimigo dando-lhe o prazer de vê-lo entrar em pânico. Nesse sentido de não desespero, podemos considerar que a humanidade está condenada e, ao mesmo tempo, ter fé no espírito humano. "Embora tudo esteja perdido, nós não estamos" pode servir de lema a essa recusa de ceder. Como Friedrich Schelling escreve a respeito da esperança trágica, "Uma coisa ainda resta – saber que é um poder objetivo que ameaça destruir nossa liberdade, e, com essa

---

24 Žižek, *Living in the End Times*, p.xiv-xv.

convicção firme em nossos corações, lutar contra ele, mobilizar toda a nossa liberdade e, portanto, perecer".[25]

Para Walter Benjamin, suspender os resultados da ação significa dar cabo de um acontecimento retirando-o do *continuum* da história, e, ao fazê-lo, apressar a própria morte. É sobretudo no momento da morte que as consequências deixam de ser importantes, ao menos para si próprio, e que as ações podem então ser executadas por si mesmas. Deveríamos tentar compreender como nossos atos podem parecer do ponto de vista da eternidade, tratando cada um deles como se fosse nosso último ato, envolvendo o futuro no presente em vez de (como acontece com o historicismo) envolver o passado no presente e no futuro. Dessa forma, poderemos viver ironicamente, permanecendo dentro e fora da história ao mesmo tempo, nos moldes daqueles que, na Primeira Epístola de Paulo aos Coríntios, "se utilizam do mundo, como se dele não usassem". É uma postura tão típica do revolucionário quanto do monge. Como escreve Theodor Adorno, "A única filosofia que pode ser praticada de maneira responsável é a tentativa de contemplar todas as coisas como elas se apresentariam do ponto de vista da redenção".[26] De qualquer forma, todas as ações trazem consigo a irrevogabilidade da morte, já que, para o bem ou para o mal, elas não podem ser desfeitas.

Tudo isso tem uma influência na esquerda política. Uma das questões que ela suscita muito raramente é: e se elas falharem? O nervosismo da esquerda diante da pergunta é compreensível, visto que isso, de um só golpe, parecer desmoralizar seus membros e consolar seus adversários. Consequentemente, existem muitos esquerdistas para quem o pessimismo é um delito de opinião igual ao dos palestrantes motivacionais que são pagos para convencer os executivos das corporações americanas de que eles são semideuses disfarçados. "Um

---

25 Citado por Szondi, *An Essay on the Tragic*, p.8.
26 Adorno, *Minima Moralia*, p.227.

marxista não tem o direito de ser pessimista", escreve Ernst Bloch,[27] como se uma avaliação sensata de que alguém não pode levar vantagem nesta ou naquela situação fosse uma espécie de traição espiritual. Com um autoengano impulsivo que até Matt Ridley invejaria, sempre haverá oportunidades revolucionárias à mão para alguns radicais entusiasmados, se ao menos tiverem a coragem de aproveitá-las. Essa ficção terapêutica tem iludido um bom número de militantes durante as noites mais sombrias da luta de classes. A instabilidade alarmante do capitalismo, que é, de fato, uma fonte de estímulo para seus adversários, é corretamente ressaltada, mas não o fato de que o sistema tem muito mais tanques à sua disposição que seus oponentes.

A luta por uma sociedade justa não envolve apenas uma racionalidade instrumental. A esquerda continuaria a protestar contra a exploração da mão de obra e o desemprego de massa mesmo se fosse moralmente incontestável que o capitalismo veio para ficar. Bertolt Brecht fala em seu poema "An die Nachgeborenen" [Aos que vão nascer] que só existe desespero onde há injustiça e não há revolta; mas, mesmo se a revolta desaparecesse por completo, o fato de homens e mulheres terem lutado em defesa da sua liberdade com tanta tenacidade ao longo dos séculos ainda seria algo de valor. Ainda haveria, por assim dizer, algo para ser salvo no Dia do Juízo Final. Embora a justiça possa não vencer no final, uma vida dedicada a buscá-la continua sendo uma vida digna. Não ter êxito no final não significa necessariamente ter fracassado, assim como não é verdade que tudo está bem quando acaba bem. Só o engodo da teleologia é que nos convence dessa falácia. Mesmo se a história terminasse numa completa destruição, isso só seria motivo de desespero se essa catástrofe estivesse predestinada; e mesmo então é possível, a exemplo de inúmeros protagonistas trágicos, valorizar o combate contra o inevitável. Aliás, a menos que combatamos

---

27 Citado em Thompson; Žižek (orgs.), *The Privatization of Hope: Ernst Bloch and the Future of Utopia*, p.91.

o inevitável nunca saberemos, antes de mais nada, o quão inevitável ele era. A verdade, porém, é que a catástrofe não está escrita na marcha da história; nem a esperança. Por mais infeliz que o futuro possa se revelar, ele sempre poderia ter sido diferente. A incerteza que pode produzir o infortúnio também pode produzir o sucesso. Como percebe Aristóteles, a razão pela qual as coisas podem declinar (mutabilidade) também é a razão pela qual elas podem florescer. Além disso, um futuro infeliz seria, muito provavelmente, a obra de uma minoria dominante voraz, não o produto da humanidade como um todo.

Apesar disso tudo, não precisamos considerar a esperança de uma forma excessivamente existencial. Os objetivos são realmente importantes. Apesar de toda a sua sabedoria espiritual, a filosofia da história de Benjamin representa uma reação exagerada à ideia de progresso histórico, algo compreensível em seu contexto. O tipo de messianismo de Benjamin não acredita muito na história. Como observa Fredric Jameson, "Não evocaríamos o messiânico num período genuinamente revolucionário, um período no qual podemos perceber as transformações ocorrendo ao nosso redor; o messiânico não significa esperança imediata nesse sentido, talvez nem mesmo esperança contra qualquer esperança; é uma variedade única da espécie 'esperança' que mal e mal possui as características normais desta última e que só floresce num tempo de total desesperança".[28] Também não precisamos considerar a esperança em termos excessivamente absolutos ou incondicionais. Bloch se engana ao imaginar que é uma questão de tudo ou nada. De acordo com a teoria psicanalítica, nunca ficaremos curados do desejo, mas isso não significa que não possamos fazer um pacto diplomático com ele. Embora não vá haver utopia, no sentido de um mundo livre da discórdia e do descontentamento, é realisticamente sensato acreditar que a nossa situação pode melhorar muito. Não é que tudo ficará bem, mas que tudo pode ficar suficientemente

---

28 Citado em Toscano, *Fanaticism*, p.244.

bem. Não precisamos de um grupo de arcanjos para nos abstermos de praticar o genocídio, nem para acabar com o tráfico de escravas sexuais. Aqueles que negam esse bom senso é que são os visionários, por mais que alardeiem seu pragmatismo. Nada é mais sobrenatural que a suposição de que o mundo como o conhecemos veio para ficar.

Porém, embora a esperança em geral não precise ser reduzida aos fundamentos, é apenas essa variedade dela que é necessária para uma mudança radical, considerando a resistência formidável que tal projeto enfrentaria. No final, precisaríamos daquilo que o teólogo Herbert McCabe chama de esperança que "atravessa a derrota e a crucificação e chega à ressurreição".[29] Ou como diz Raymond Williams em termos um pouco mais seculares: "O fato é que nem a forma abertamente utópica, nem mesmo os esboços mais qualificados de futuros viáveis podem começar a fluir até que tenhamos enfrentado, com a profundidade necessária, as divisões e contradições que as inibem no momento".[30] A cantora Sinead O'Connor observou certa vez, durante uma entrevista na televisão, que ela achava a ressurreição muito mais alegre que a crucificação, como se, ao escolher a cor de uma echarpe, pudéssemos optar por uma ou por outra, dependendo do nosso temperamento. Essa é a quintessência do otimismo. Ela não percebeu que a ressurreição traz esperança justamente porque o que ela redime é a agonia e a desolação da cruz.

Dizem que o acontecimento mais sangrento na história da humanidade foi a rebelião e a guerra civil de An Lushan, ocorridas no século VIII na China, que alguns calculam ter provocado o número inacreditável de 429 milhões de mortes.[31] Acredita-se que a catástrofe tenha sido responsável pela morte de dois terços dos cidadãos do Império

---

29 McCabe, *Hope*, p.15.
30 Williams, *The Politics of Modernism*, p.104.
31 Ver Pinker, *The Better Angels of our Nature*, cap.2. O livro de Pinker é a minha fonte para os outros acontecimentos históricos registrados aqui.

Chinês, ou um sexto da população mundial à época. As conquistas mongólicas do século XIII, que talvez tenham causado 278 milhões de mortos, não ficam muito atrás. Tamerlão pode muito bem ter massacrado cinco vezes o número de homens e mulheres mortos por Stálin, enquanto a Guerra dos Trinta Anos empilhou cerca de duas vezes o número de cadáveres da Primeira Guerra Mundial. A Segunda Guerra Mundial assistiu a uns 55 milhões de mortes, e mesmo a Guerra Civil Inglesa pode ter eliminado quase meio milhão de pessoas. O extermínio dos indígenas americanos superou os massacres de Mao Tsé-Tung numa proporção maior que dois para um. Houve cerca de 40 milhões de mortos nos campos de batalha durante o século XX.

Muitos dos nossos antepassados eram de fato muito cruéis, como de fato são cruéis vários dos nossos contemporâneos. A Bíblia retrata um mundo de estupros, saques, tortura, escravidão e massacres indiscriminados. Os antigos romanos amarravam mulheres nuas a estacas para serem violentadas ou devoradas pelos animais; São Jorge foi sentado a cavalo sobre uma lâmina afiada com pesos amarrados nas pernas, assado no fogo, teve os pés trespassados, foi despedaçado numa roda dentada, teve sete pregos introduzidos na cabeça e depois foi serrado ao meio. Para coroar as humilhações, foi designado posteriormente patrono do Movimento Escoteiro. Um "atrocitólogo" calcula que o número de mortos das Cruzadas seja mais ou menos o mesmo do Holocausto, proporcionalmente à população mundial da época. Em vários momentos no passado, a pessoa poderia ser condenada à morte por mexericar, roubar repolho, recolher lenha aos domingos, discutir com os pais ou fazer comentários críticos a respeito dos jardins reais. Até bem recentemente, a tortura não era esporádica, clandestina nem condenada mundialmente, mas sistemática, praticada às claras e mesmo recomendada como uma oportunidade de criatividade tecnológica.

Não é exatamente um histórico que gere esperança. Na verdade, se essa explosão pavorosa de golpes e punhaladas deve ser atribuída simplesmente à natureza humana, então é difícil perceber como poderia haver uma grande possibilidade de que a nossa situação melhorasse. Não há dúvida de que isso envolve, de fato, a natureza humana. Se os seres humanos são capazes de se comportar dessa maneira, então isso significa que está em sua natureza agir assim. Esta, portanto, é a má notícia. A boa notícia é que a natureza não é, de modo algum, autônoma. Ela é moldada pelas circunstâncias históricas, que, até o momento, não nos têm sido muito favoráveis. Ao longo da história humana, a política tem sido, na maioria das vezes, violenta e corrupta. Onde floresceu, a virtude foi, em grande medida, um assunto privado ou de uma minoria. O poeta Seamus Heaney menciona em *A cura em Troia* os momentos quase milagrosos em que a esperança e a história rimam, mas o relacionamento entre as duas tem se parecido mais frequentemente aos finais de linha dos versos brancos. Porém, isso se deve em parte ao fato de que os homens e as mulheres foram forçados a viver sob sistemas sociais que geram escassez, violência e antagonismo. É isso que Marx tem em mente quando diz que o conjunto da história passada aflige como um pesadelo a mente dos vivos. E existe sempre muito mais passado que presente! Como em uma tragédia de Ibsen, sempre é possível intervir num momento de crise para destruir a possibilidade de um futuro livre.

Nessas condições, é improvável que os homens e as mulheres se encontrem em sua melhor condição moral. Suas predisposições menos nobres tenderão a ser exacerbadas. Isso não significa que, se estivessem livres dessas pressões, teriam um comportamento angelical. Certamente ainda haveria um contingente significativo de assassinos, sádicos e torturadores amadores entusiastas entre a população como um todo. O fato de grande parte do nosso comportamento vergonhoso ser gerado pelos regimes em que vivemos não nos livra inteiramente da armadilha moral. Afinal de contas, fomos nós que criamos esses regimes. Mesmo assim, isso significa que as pessoas decentes e de bom coração precisam praticar essas virtudes e enfrentar as dificuldades históricas. Nesse sentido, a experiência moral tem sido manipulada, e é por isso que a incompetência e a agressividade não devem ser atribuídas inteiramente a nós. O fato de as nossas desgraças serem, em grande medida, sistêmicas é, de certa forma, motivo de desespero, já que pode ser extremamente difícil mudar os sistemas. Mas também é motivo de esperança. Não sabemos quão maior seria o nosso esplendor moral se essas instituições fossem transformadas. Talvez não muito. Mas temos o dever de descobrir. Pode ser que aqueles que fazem referência à maldade do coração dos homens não estejam errados, mas talvez estejam sendo precipitados. Esta, portanto, é a boa notícia; a má notícia é que não há motivo para supor que as desgraças criadas pelo homem sejam, em princípio, mais sanáveis que as desgraças naturais. É provável que descubramos a cura do câncer, mas não a do assassinato.

A esperança trágica é a esperança *in extremis*. Benjamin insiste que o conceito de progresso tem de estar baseado na ideia de catástrofe. O otimista não pode desesperar, mas também não pode conhecer a verdadeira esperança, já que ele rejeita as condições que a tornam essencial. Erik Erikson, tendo em mente o desenvolvimento da criança pequena, menciona a esperança como "a crença permanente na acessibilidade aos desejos fervorosos, apesar dos anseios e ódios obscuros que caracterizam o começo da vida".[32] Só através da confiança no amor de seus cuidadores é que a criança consegue resistir à reivindicação dessas forças do mal. No final de *Doutor Fausto*, de Thomas Mann, talvez a mais magnífica de todas as descrições literárias do mal, o narrador menciona o que ele chama de "o mais horrível lamento jamais emitido na face da Terra". É a cantata sinfônica *A lamentação do Doutor Fausto*, a última composição musical do maldito Adrian Leverkühn antes que seu pacto com o diabo o arraste para o inferno. É uma obra de luto profundo, "um poema com um tom sombrio [que] até o último instante não permite nenhum consolo, apaziguamento ou transfiguração". Porém, não é concebível, pergunta o narrador, "que a esperança possa germinar do absolutamente irremediável?". Ele prossegue:

---

32 Erikson, *Insight and Responsibility*, p.118.

Esperança contra a esperança

Seria uma esperança além da desesperança, a transcendência do desespero – não a sua traição, mas o milagre que é inacreditável. Ouçam, pois, até o final, ouçam comigo: um grupo de instrumentos depois do outro se retira, e o que resta, à medida que a obra se dissipa no ar, é o sol agudo de um violoncelo, a última palavra, o último som desmaiado, morrendo lentamente numa fermata em pianíssimo. Depois, nada mais: o silêncio e a noite. Mas esse tom que vibra no silêncio, que não está mais ali, que só o espírito ouve e que foi a voz do lamento, portanto, não existe mais. Ele muda de significado; ele permanece como uma luz na noite.

Não é que a cantata termine numa nota tímida de esperança. Pelo contrário, como todas as peças musicais, ela não termina em nada, e sim no silêncio. Porém, esse silêncio peculiar é estranhamente palpável, transformando retroativamente o tom final de lamento num tom de afirmação e permitindo que ele faça algo novo de si mesmo no próprio ato de desaparecimento. A morte da música gera uma consequência fantasmagórica. É como se a cantata terminasse duas vezes: uma na realidade, quando a nota final se dissipa, e outra na mente, o simples espectro de um som, quando algo surge misteriosamente do nada. A última nota é vivenciada duas vezes, a primeira vez viva e a segunda vez morta, mas é na morte que ela parece estar mais viva. Quando a nota está literalmente viva, ela está, como o próprio Fausto, cheia de tristeza diante de sua morte iminente; porém, depois que passou para aquele vazio, ela é repetida de maneira diferente, soando novamente com um significado transfigurado. Existe esperança, e também sofrimento, no fato de que as coisas passam. Talvez também haja a esperança de que uma fonte insondável de misericórdia possa estender suas boas graças até mesmo para o herói demoníaco do romance, que, como a nota final da sua cantata, está preso entre a vida e a morte, mas cujo talento voltado para a morte deu origem, afinal de contas, a uma arte a serviço dos vivos.

Referências bibliográficas

ADORNO, Theodor. *Minima Moralia*. Londres: New Left Books, 1974. [Ed. bras.: *Minima Moralia*. Rio de Janeiro: Beco do Azougue, 2008.]

AGAMBEN, Giorgio. *The Time that Remains*: A Commentary on the Letter to the Romans. Stanford: Stanford University Press, 2005. [Ed. bras.: *O tempo que resta*: um comentário à Carta aos Romanos. Belo Horizonte: Autêntica, 2016.]

AGOSTINHO, Santo. *Enchiridion*: On Faith, Hope, and Love. Washington, DC: Regnery, 1996.

ALVES, Rubem A. *A Theology of Human Hope*. St. Meinrad, Indiana: Abbey Press, 1972.

ANDERSON, Perry. *Considerations on Western Marxism*. Londres: New Left Books, 1976. [Ed. bras.: *Considerações sobre o marxismo ocidental*. São Paulo: Boitempo, 2019.]

ANGENOT, Marc. *Le Centenaire de la Révolution 1889*. Paris: La Documentation Française, 1989.

AQUINO, Tomás de. *Summa Theologiae*. v.33. Londres e Nova York: Martinus Nijhoof, 1966. [Ed. bras.: *Suma teológica*. 9v. São Paulo: Loyola, 2018.]

ARISTÓTELES. *Rethoric*. Cambridge, Mass.: Harvard University Press, 1994. [Ed. bras.: *Retórica*. São Paulo: Edipro, 2017.]

AUDI, Robert. *Rationality and Religious Commitment*. Oxford: Oxford University Press, 2011.

BADIOU, Alain. *Saint Paul*: The Foundation of Universalism. Stanford: Stanford University Press, 2003. [Ed. bras.: *São Paulo*: a fundação do universalismo. São Paulo: Boitempo, 2009.]

BENJAMIN, Andrew. *Present Hope*: Philosophy, Architecture, Judaism. Londres: Routledge, 1997.

BENJAMIN, Walter. Theses on the Philosophy of History. In: ARENDT, Hannah (org.). *Illuminations*. Londres: Pimlico, 1999.

_____. *Berlin Childhood around 1900*. Londres: Belknap Press, 2006. [Ed. bras.: A infância em Berlim por volta de 1900. In: *Obras escolhidas II*. São Paulo: Brasiliense, 1994.]

_____. *One-Way Street and other Writings*. Londres: New Left Press, 1979.

BLOCH, Ernst. *The Principle of Hope*. Trad. Neville Plaice, Stephen Plaice e Paul Knight. 3v. Cambridge, Mass.: MIT Press, 1995. [Ed. bras.: *O princípio esperança*. Trad. Nélio Schneider. 3v. Rio de Janeiro: EdUERJ; Contraponto, 2005.]

_____. *Heritage of our Times*. Cambridge, Mass.: Polity Press, 1991.

BLOCH, Jan Robert. How Can We Understand the Bends in the Upright Gait? *New German Critique*, v.esp., n.45, p.9-39, outono 1988.

BODEN, M. A. Optimism. *Philosophy*, v.41, p.291-303, 1966.

BOYLE, Nicholas. *Who Are We Now?* Notre Dame, Ind.: University of Notre Dame Press, 1998.

BRECHT, Bertolt. *The Messingkauf Dialogues*. Trad. John Willett. Londres: Methuen, 1965.

BULL, Malcolm. *Anti-Nietzsche*. Londres: Verso Books, 2009.

BULTMANN, Rudolf; RENGSDORF, Karl Heinrich. *Hope*. Londres: Adam & Charles Black, 1963.

CAVELL, Stanley. *Disowning Knowledge in Seven Plays of Shakespeare*. Cambridge: Cambridge University Press, 2003. [Ed. port.: *O repúdio do conhecimento em sete peças de Shakespeare*. Braga, Portugal: Humus, 2000.]

CELAN, Paul. *Collected Prose*. Manchester: Carcanet, 1986.

CÍCERO, Marco Túlio. *On the Good Life*. Londres: Penguin Classics, 1971.

CLARK, T. J. For a Left with No Future. *New Left Review*, n.74, p.53-75, mar.-abr. 2012.

COLEMAN, Rebecca; FERREDY, Debra (orgs.). *Hope and Feminist Theory*. Londres: Routledge, 2011.

COMPAGNON, Antoine. *The Five Paradoxes of Modernity*. Nova York: Columbia University Press, 1994. [Ed. bras.: *Os cinco paradoxos da modernidade*. Belo Horizonte: EdUFMG, 2014.]

CONDORCET, Antoine-Nicolas de. *Sketch for a Historical Picture of the Progress of the Human Mind*. Londres: Weidenfeld & Nicolson, 1955. [Ed. bras.: *Esboço de um quadro histórico dos progressos do espírito humano*. Campinas: Editora da Unicamp, 2013.]

CONLON, Walter M. The Certitude of Hope (Part I). *The Thomist: A Speculative Quarterly Review*, v.10, n.1, p.75-119, jan. 1947.

DAUENHAUER, Bernard. Hope and Politics. *Philosophy Today*, v.30, n.2, p.87-107, verão 1986.

DAY, J. Hope. *American Philosophical Quarterly*, v.6, n.2, p.89-102, abr. 1969.

DOUZINAS, Costas; ŽIŽEK, Slavoj (orgs.). *The Idea of Communism*. Londres: Verso, 2010.

DOYLE, Dominic. *The Promise of Christian Humanism*: Thomas Aquinas on Hope. Nova York: Crossroad, 2011.

DULLES, Avery. An Apologetics of Hope. In: WHELAN, Joseph (org.). *The God Experiment*: Essays in Hope. Nova York: Newman Press, 1971.

DUPRÉ, Louis. Hope and Transcendence. In: WHELAN, Joseph (org.). *The God Experiment*: Essays in Hope. Nova York: Newman Press, 1971.

EAGLETON, Terry. *On Evil*. Londres: Yale University Press, 2010. [Ed. bras.: *Sobre o mal*. São Paulo: Editora Unesp, 2022.]

ERIKSON, Erik. *Insight and Responsibility*. Nova York: W. W. Norton & Company, 1994.

FEUERBACH, Ludwig. *The Essence of Christianity*. Nova York: Harpers & Brothers, 1957. [Ed. bras.: *A essência do cristianismo*. Petrópolis: Vozes, 2013.]

FRANKL, Viktor E. *Man's Search for Meaning*. Londres: Beacon Press, 2004. [Ed. bras.: *O homem em busca de um sentido*. São Paulo: Lua de Papel, 2012.]

FROMM, Erich. *The Revolution of Hope*: Toward a Humanized Technology. Nova York: Harper & Row, 1968. [Ed. bras.: *A revolução da esperança*: por uma tecnologia humanizada. São Paulo: Círculo do Livro, 1975.]

GEACH, Peter. *The Virtues*. Cambridge: Cambridge University Press, 1977.

GEOGHEGAN, Vincent. *Ernst Bloch*. Londres: Routledge, 1996.

GODFREY, Joseph J. *A Philosophy of Human Hope*. Dordrecht: Nijhoff, 1987.

GORDON, Robert M. *The Structure of Emotions*. Cambridge: Cambridge University Press, 1987.

GRAY, John. *Straw Dogs*: Thoughts on Humans and other Animals. Londres: Granta Books, 2002. [Ed. bras.: *Cachorros de palha*: reflexões sobre humanos e outros animais. Rio de Janeiro: Record, 2005.]

HABERMAS, Jürgen. Ernst Bloch: A Marxist Romantic. *Salmagundi*, n.10-11, p.311-25, outono 1969-inverno 1970.

HARMON, Graham. *Quentin Meillassoux*: Philosophy in the Making. Edimburgo: Edinburgh University Press, 2011.

HUDSON, Wayne. *The Marxist Philosophy of Ernst Bloch*. Londres: Macmillan, 1982.

HUME, David. *A Treatise of Human Nature*. Oxford: Oxford University Press, 1958. [Ed. bras.: *Tratado da natureza humana*. 2.ed. São Paulo: Editora Unesp, 2009.]

JAMES, Henry. *Literary Criticism*. v.2: European Writers: Prefaces to the New York Edition. Nova York: Library of America, 1984.

JAMES, William. *Pragmatism and other Writings*. Londres: Penguin, 2000. [Ed. bras.: *Pragmatismo e outros textos*. São Paulo: Abril Cultural, 1979. (Coleção Os Pensadores.)]

JAMESON, Fredric. *Marxism and Form*. Princeton: Princeton University Press, 1971. [Ed. bras.: *Marxismo e forma*. São Paulo: Hucitec, 1985.]

JOHNSON, Samuel. *The Yale Edition of the Works of Samuel Johnson*. Org. W. J. Bate e Albrecht B. Strauss. v.4. New Haven: Yale University Press, 1969.

JONES, Gareth Stedman. *Outcast London*: A Study in the Relationship between Classes in Victorian Society. Harmondsworth: Penguin, 1976.

KANT, Immanuel. *Religion within the Limits of Reason Alone*. Nova York: Harper & Row, 1960. [Ed. bras.: *A religião nos limites da simples razão*. São Paulo: Lafonte, 2017.]

KELLNER, Douglas; O'HARA, Harry. Utopia and Marxism in Ernst Bloch. *New German Critique*, n.9, p.11-34, outono 1976.

KIERKEGAARD, Søren. *The Sickness unto Death*. Harmondsworth: Penguin Books, 1989. [Ed. bras.: *O desespero humano*. São Paulo: Editora Unesp, 2017.]

KOŁAKOWSKI, Leszek. *Main Currents of Marxism*: Its Rise, Growth, and Dissolution. 3v. Oxford: Clarendon Press, 1978. [Ed. bras.: *Principais correntes do marxismo*. 3v. Campinas: Vide Editorial, 2022.]

LASH, Nicholas. *A Matter of Hope*: A Theologian's Reflections on the Thought of Karl Marx. Notre Dame, Ind.: University of Notre Dame Press, 1982.

LEAR, Jonathan. *Radical Hope*: Ethics in the Face of Cultural Devastation. Cambridge, Mass.: Harvard University Press, 2006.

LOCKE, John. *An Essay Concerning Human Understanding*. v.2. Nova York: Dover, 1959. [Ed. bras.: *Ensaio sobre o entendimento humano*. São Paulo: Martins Fontes, 2012.]

LÖWY, Michael. *Fire Alarm*: Reading Walter Benjamin's "On the Concept of History". Londres: Verso Books, 2005. [Ed. bras.: *Walter Benjamin*: aviso de incêndio. Uma leitura das teses sobre o conceito de história. São Paulo: Boitempo, 2005.]

LUTERO, Martinho. *What Luther Says*. 3v. St. Louis: CPH, 1959.

MACQUARRIE, John. *Christian Hope*. Londres: Seabury Press, 1978.

MARCEL, Gabriel. *The Philosophy of Existentialism*. Nova York: Citadel Press, 1995.

_____. Desire and Hope. In: LAWRENCE, Nathaniel; O'CONNOR, Daniel (orgs.). *Existential Phenomenology*. Englewood Cliffs, NJ: Prentice Hall, 1967.

_____. *Being and Having*: An Existential Diary. Nova York: Harper & Row, 1965.

_____. *Homo Viator*: Introduction to a Metaphysic of Hope. Londres: Gollancz, 1951.

MARX, Karl. *Theories of Surplus Value*. 3v. Londres: Lawrence and Wishart, 1969-1972. [Ed. bras.: *Teorias da mais-valia*: história crítica do pensamento econômico, livro 4 de *O capital*. Rio de Janeiro: Civilização Brasileira, 1980. (Coleção Perspectivas do Homem, v.135.)]

MCCABE, Herbert. *Hope*. Londres: Catholic Truth Society, 1987.

MEILLASSOUX, Quentin. *After Finitude*: An Essay on the Necessity of Contingency. Londres: Continuum, 2008.

MILL, John Stuart. *Theism*. Nova York: Liberal Arts Press, 1957.

MILLER, David. A Marxist Poetics. In: THOMPSON, Peter; ŽIŽEK, Slavoj (orgs.). *The Privatization of Hope*: Ernst Bloch and the Future of Utopia. Durham, CN: Duke University Press, 2013.

MOLTMANN, Jürgen. Hoping and Planning. *Cross Currents*, v.18, n.3, p.310, verão 1989.

_____. *Theology of Hope*: On the Ground and the Implications of a Christian Eschatology. Londres: SCM Press, 1967. [Ed. bras.: *Teologia da esperança*: estudos sobre os fundamentos e as consequências de uma escatologia cristã. Loyola, 2005.]

MORRELL, Roy. *Thomas Hardy*: The Will and the Way. Kuala Lumpur: University of Malaya Press, 1965.

MOYLAN, Tom. Bloch against Bloch: The Theological Reception of *Das Prinzip Hoffnung* and the Liberation of the Utopian Function. In: DANIEL, Jamie Owen; MOYLAN, Tom (orgs.). *Not Yet*: Reconsidering Ernst Bloch. Londres: Verso, 1997.

MUYSKENS, James L. *The Sufficiency of Hope*: The Conceptual Foundations of Religion. Filadélfia: Temple University Press, 1979.

NANCY, Jean-Luc. *Adoration*: The Deconstruction of Christianity II. Nova York: Fordham University Press, 2013.

NEGT, Oskar. Ernst Bloch: The German Philosopher of the October Revolution. *New German Critique*, n.4, p.3-16, inverno 1975.

NIETZSCHE, Friedrich. *The Portable Nietzsche*. Org. Walter Kaufmann. Nova York: Penguin Books, 1982.

NOKES, David. *Samuel Johnson*: A Life. Londres: Henry Holt and Company, 2010.

PANNENBERG, Wolfhart. The God of Hope. *Cross Currents*, v.18, n.3, p.289-90, verão 1989.

PEIRCE, C. S. *Collected Papers*. 8v. Cambridge, Mass.: Belknap Press, 1965-1967.

PETERS, Curtis H. *Kant's Philosophy of Hope*. Nova York: P. Lang, 1993.

PETERSON, C.; SELIGMAN, Martin E. P. *Character Strengths and Virtues*: A Handbook and Classification. Oxford: Oxford University Press, 2004.

PIEPER, Josef. *On Hope*. São Francisco: Ignatius Press, 1986.

_____. *Hope and History*. Londres: Herder and Herder, 1969.

PINKER, Steven. *The Better Angels of our Nature*: The Decline of Violence in History and its Causes. Londres: Viking, 2011. [Ed. bras.: *Os anjos bons da nossa natureza*: por que a violência diminuiu. São Paulo: Companhia das Letras, 2013.]

RADFORD, Colin. Hoping, Wishing and Dogs. *Inquiry*, v.13, p.100-3, primavera 1970.

_____; HINTON, J. M. Hoping and Wishing. *Proceedings of the Aristotelian Society*, v.44, p.51-88, 1970.

RAHNER, Karl. On the Theology of Hope. *Theological Investigations*. v.10. Nova York: Seabury Press, 1977.

RICOEUR, Paul. *Essays on Biblical Interpretation*. Filadélfia: Fortress, 1980. [Ed. bras.: *Ensaio sobre a interpretação bíblica*. São Paulo: Templus, 2017.]

_____. Hope and the Structure of Philosophical Systems. *Proceedings of the American Catholic Philosophical Association*, v.44, p.55-69, 1970.

RIDLEY, Matt. *The Rational Optimist*. Londres: Harper Perennieal, 2011.
RIGBY, S. H. *Marxism and History*. Manchester: Manchester University Press, 1987.
SCHOPENHAUER, Arthur. *The World as Will and Representation*. v.1. Nova York: Dover, 1969. [Ed. bras.: *O mundo como vontade e representação*. Rio de Janeiro: Contraponto, 2007.]
SCIOLI, Anthony; BILLER, Henry B. *Hope in the Age of Anxiety*. Oxford: Oxford University Press, 2009.
SCRUTON, Roger. *The Uses of Pessimism and the Danger of False Hope*. Londres: Oxford University Press, 2010. [Ed. bras.: *As vantagens do pessimismo e o perigo da falsa esperança*. São Paulo: É Realizações, 2015. (Coleção Abertura Cultural.)]
SÊNECA. *Moral Essays*. v.II. Cambridge, Mass.: Harvard University Press, 2006.
SHADE, Patrick. *Habits of Hope*. Nashville: Vanderbilt University Press, 2001.
JAMES, Henry. The Art of Fiction. In: SHAPIRA, Morris (org.). *Henry James*: Selected Literary Criticism. Harmondsworth: Middlesex Penguin, 1963.
STEIN, Walter. *Criticism as Dialogue*. Cambridge: Cambridge University Press, 1969.
STEINER, George. "Tragedy" Reconsidered. In: FELSKI, Rita (org.). *Rethinking Tragedy*. Baltimore: Johns Hopkins University Press, 2008.
_____. *The Death of Tragedy*. Nova York: Alfred A. Knopf, 1961. [Ed. bras.: *A morte da tragédia*. São Paulo: Perspectiva, 2006.]
SURIN, Kenneth. *Theology and the Problem of Evil*. Londres: Basil Blackwell, 1986.
SWINBURNE, Richard. *The Existence of God*. Oxford: Cambridge University Press, 1979. [Ed. bras.: *A existência de Deus*. Brasília: Monergismo, 2019.]
SZONDI, Peter. *An Essay on the Tragic*. Stanford: Stanford University Press, 2002. [Ed. bras.: *Ensaio sobre o trágico*. Rio de Janeiro: Zahar, 2004.]
_____. *On Textual Understanding*. Manchester: Manchester University Press, 1986.
TALLIS, Raymond. *Enemies of Promise*. Basingstoke: Macmillan, 1997.
THOMPSON, Peter; ŽIŽEK, Slavoj (orgs.). *The Privatization of Hope*: Ernst Bloch and the Future of Utopia. Durham, CN: Duke University Press, 2013.
TIGER, Lionel. *Optimism*: The Biology of Hope. Londres: Simon & Schuster, 1979.

TOSCANO, Alberto. *Fanaticism*: On the Uses of an Idea. Londres: Verso Books, 2010.

TRÓTSKI, Leon. *Literature and Revolution*. Nova York: Russell & Russell, 1957. [Ed. bras.: *Literatura e revolução*. Rio de Janeiro: Zahar, 2007.]

TURNER, Denys. *Thomas Aquinas*: A Portrait. New Haven: Yale University Press, 2013.

VAN HOOFT, Stan. *Hope*. Durham, CN: Acumen, 2011.

VON BALTHASAR, Hans Urs. *Dare We Hope "That All Men Be Saved"?* São Francisco: Ignatius Press, 1988.

WATERWORTH, Jayne M. *A Philosophical Analysis of Hope*. Londres: Palgrave Macmillan, 2004.

WEBB, Darren. Modes of Hoping. *History of the Human Sciences*, v.20, n.3, p.65-83, 2007.

WHEATLEY, J. M. O. Wishing and Hoping. *Analysis*, v.18, n.6, p.121-31, jun. 1958.

WILLIAMS, Raymond. *The Politics of Modernism*. Londres: Verso Books, 1989. [Ed. bras.: *Política do modernismo*. São Paulo: Editora Unesp, 2011.]

_____. *Culture and Society, 1780-1950*. Harmondsworth: Penguin, 1985. [Ed. bras.: *Cultura e sociedade*: 1750-1950. São Paulo: Companhia Editora Nacional, 1969.]

_____. *The Country and the City*. Londres: Chatto & Windus, 1973. [Ed. bras.: *O campo e a cidade*: na história e na literatura. São Paulo: Companhia das Letras, 2011.]

_____. *Modern Tragedy*. Londres: Verso Books, 1966. [Ed. bras.: *Tragédia moderna*. São Paulo: Cosac & Naif, 2002.]

WITTGENSTEIN, Ludwig. *Philosophical Investigations*. Oxford: Blackwell, 1983. [Ed. bras.: *Investigações filosóficas*. Petrópolis: Vozes, 2014.]

ŽIŽEK, Slavoj. *Living in the End Times*. Londres: Verso Books, 2010. [Ed. bras.: *Vivendo no fim dos tempos*. São Paulo: Boitempo, 2012.]

Índice remissivo

18 de brumário de Luís Bonaparte, O (Marx), 153

"A arte da ficção" (James), 14
Abraão, 72, 93, 101, 112, 153, 172
Adorno, Theodor, 18, 124, 126, 174
Agamben, Giorgio, 46
Agostinho, Santo, 62, 62n, 75, 84, 114-5, 172
agressão, A (Lorenz), 37
Althusser, Louis, 110, 126
amor, 59, 61-3, 96; esperança comparada ao, 16, 69-70, 96; como virtude teológica, 61-3
"An die Nachgeborenen" (Brecht), 175
Anderson, Perry, 123, 126, 129
animais, esperança nos, 77-8
anjos bons da nossa natureza, Os (Pinker), 38-9

ano da morte de Ricardo Reis, O (Saramago), 100
Antônio e Cleópatra (Shakespeare), 120-2
apocaliptismo, 45, 56-7
Aquino, Tomás de: sobre o desconforto da esperança, 76-7; sobre falsas aspirações, 86; sobre a bondade inata do Criador, 106-7; sobre a esperança e a certeza, 113-4; sobre a esperança voltada para o futuro, 73-5; sobre a esperança como virtude, 84; sobre a esperança nos animais, 78; sobre a luta da esperança para alcançar o bem futuro, 116; sobre esperar pelo impossível, 73; ceticismo em relação à esperança, 64-5; sobre as virtudes teologais, 62-3, 83-4; sobre a *voluntas*, 87

arco-íris, O (Lawrence), 95
Aristóteles, 44, 74, 80, 118, 133, 176
arte, 28, 50, 76, 140-1, 166-8
ataraxia, 118
ateísmo, 27-8, 133, 135, 161
Audi, Robert, 72
Austen, Jane, 113
Auster, Paul, 69
autoilusão, 59

Badiou, Alain, 46, 56, 85, 110-1
Barthes, Roland, 163
Baudelaire, Charles, 171
Beckett, Samuel, 129-30, 163-4
Benjamin, Andrew, 92
Benjamin, Walter: sobre o Anjo da História, 48-9, 51-2; estilo aforístico de, 124; sobre as obras de arte, 50; sobre a crença de que a história está do nosso lado, 136; se considera irrecuperável no presente, 46-7; sobre o apressamento da chegada do Messias, 47-8; sobre a imanência histórica da esperança, 51-2; sobre a visão de Kant do progresso infinito, 49; historicismo esquerdista contestado por, 56-7, 143; sobre o significado do passado, 50-1; messianismo de, 131-2, 176; sobre a nostalgia, 50-1; pessimismo de, 18-9; sobre o progresso, 18-9, 176, 180; sobre a suspensão dos frutos da ação, 174; *Teses sobre a filosofia da história*, 45-6; sobre a tradição, 45-6; teor trágico do marxismo de, 144; sobre a transitoriedade da história, 131-2; sobre a história universal, 47
Bergson, Henri, 130
Biology of Hope, The (Tiger), 24-5
Blake, William, 137
Bloch, Ernst, 123-49; ateísmo de, 135; esperança autêntica comparada à de, 154-5; sobre a mudança como desejável em si mesma, 129-32; jovialidade de, 129; obesidade conceitual de, 127-8; desprezo pelo empírico, 141; sobre a morte, 146-8; sobre o desejo, 137-8, 148-9; sobre a *docta spes*, 87; e as falsas aspirações, 86; sobre a liberdade, 124, 128-9; sobre Freud, 142-3, 148-9; sobre o presente feliz como garantia do futuro, 77; hegelianismo de, 145-6; como historiador da esperança absoluta em esperanças particulares, 89; sobre a esperança, 80-1, 84, 129-30, 132, 135-6, 138-9, 141-9, 176; interesses de, 127-8; sobre Lawrence, 95; o marxismo de, 123-9, 133-5, 143; sobre a matéria eternamente inacabada, 148-9; visão não sincrônica da história de, 143-5; sobre o ainda não consciente, 75-6; sobre a história passada, 144-5; perfeccionismo de, 20-2, 133-6; sobre a esperança criadora, 115-6; sobre pessimismo e marxismo, 174-5; como filósofo da esperança, 123; sobre o momento presente como ilusório, 95-6; *O princípio*

Índice remissivo

esperança, 11, 87, 95, 123, 125, 126, 128, 136, 144-5, 146; sobre o progresso, 132-3, 136-8, 145-6; sobre o propósito da realidade, 133-7; como vitalista romântico, 130-1; *Geist der Utopie*, 126; como stalinista, 125-6, 128-9, 141-2; sobre o futuro ainda não cumprido no passado, 49; estilo de, 123-4; sobre a superestrutura, 138-9; teodiceia de, 141-2, 145-6; sobre aquilo que esperamos ser basicamente desconhecido, 92-4; sobre a falta de legitimidade do mundo atual, 140-1

Boaventura, São, 111
Boyle, Nicholas, 79-80
Brand (Ibsen), 171
Brecht, Bertolt, 100, 141-2, 162-3, 175
Brontë, Charlotte, 27
Büchner, Georg, 22, 133, 167
Bull, Malcolm, 165
Bultmann, Rudolf, 113
Bush, George W., 26
Byron, lorde, 65

Camus, Albert, 118, 163-4
capitalismo: fascismo associado ao, 139; crise financeira do início do século XXI, 99-100; a esperança diminui no, 23-4; instabilidade do, 174-5; Marx sobre a injustiça do, 52-4; no progresso moderno, 30-2; instabilidade do, 130-1; otimismo de Ridley em relação ao, 31-9; confiança no sistema financeiro, 34-5

Cavell, Stanley, 160
Celan, Paul, 166
certeza, esperança e, 108-15
Cícero, 118
Cidade de vidro (Auster), 68-9
Clarissa (Richardson), 27-8
classicismo, 19
Clinton, Bill, 63
Colebrook, Claire, 60-1
comercial, humanismo, 41
Compagnon, Antoine, 46
Comte, Auguste, 21
comunismo, 74, 124, 132; Bloch e o, 129, 133-4, 141-2; não anula os horrores da sociedade de classes, 55-6; Marx e o, 138-9
Concílio de Trento, 114
Condorcet, marquês de, 110
confiança: no sistema financeiro capitalista, 33-4; fé como questão de, 61-2, 110-1, 166-8; esperança e, 61-2, 63-5, 74-7, 84-5, 92-4, 96, 101-2, 112-4; no liberalismo, 19-20; a desconfiança no pessimismo de Benjamin, 18-9; dos otimistas no presente, 17; ciência e, 112-3
confraria de tolos, Uma (Toole), 20
conhecimento: necessidade de fé e esperança onde é difícil chegar por meio do, 151-2; esperança e, 108-15
conservadorismo: expectativas do, 130-1; otimismo associado ao, 17-8; pessimismo associado ao,

19-20; religioso, 114-5; de Ridley, 40-1

contingência: a imaginação de Bloch leva em conta a, 124; Deus conhece o mundo em sua, 108; a ausência do Messias como não contingente, 44-5; o otimismo exclui a, 26-7; possibilidade de fracasso na, 37; na tragédia, 161

Conto de inverno (Shakespeare), 121, 166-8

copo meio cheio ou meio vazio, 15, 21

Coríntios, Primeira Epístola aos, 174

Coriolano (Shakespeare), 98

cristianismo: sobre a existência autêntica, 147-8; rompe o vínculo entre esperança e progresso, 44-5; não pode apagar a doença e o desespero do registro histórico, 40; Concílio de Trento, 114-5; sobre o desespero, 101-2; determinismo do cristianismo, 114-5; como escatologia, 79-80; sobre a fé e a certeza, 111-3, 114-5; sobre a fé e a esperança, 62-3; como pessimista em relação ao presente, mas esperançoso em relação ao futuro, 20; como habitualmente esperançoso, 84-5; sobre a esperança e a certeza, 110-1; sobre a esperança e a expectativa risonha, 77, 113-4; sobre a esperança como parte integrante do cosmo, 134-5; esperança pela salvação, 67; esperança baseada no, 59-60; sobre a esperança se estendendo além do humano, 104; em *Radical Hope*, de Lear, 153; sobre o Messias ter chegado, 47-8; mal interpretado pelos liberais seculares, 40; Código Niceno, 111; obscuridade do objeto de esperança do, 92-4; doutrina da Providência, 134-5; como tragédia, 54-7. *Ver também* Messias; ressurreição

Day, J. P., 104-5

décima segunda noite, A (Shakespeare), 168-9

deísmo, 22, 23

Derrida, Jacques, 91, 92-3, 111-2

Descartes, René, 80, 83

desejo: Bloch sobre o, 137-8, 148-9; modelo de expressão/bloqueio do, 137-8; Freud sobre o, 73, 137-8, 142-3; gratificante, 118-9; esperança e, 61-2, 69-78, 85-6, 89, 98-9; como incurável, 176; como atuante, 116; reeducação do, 137

desesperança: absoluta, 176; agir de maneira positiva em situações desesperadas, 87-8; *versus* desespero, 104-5, 116-7; feminismo e, 60-1; esperança pressuposta pela, 163-4; como fonte de esperança, 164-5; falta de desejo e, 69-70

desespero humano, O (Kierkegaard), 62, 104-5, 147-8, 170-1

desespero: absoluto, 100-1, 102-3; segurança no, 113-4;

Índice remissivo

desesperança diferenciada do, 104-5; graça e, 167-8; *versus* desesperança, 104-5, 116-7; esperança comparada ao, 65-6; Kierkegaard sobre o, 106-8, 170-2; literatura do, 163-4; perda, 171-2; nega a esperança, mas não o desejo, 85-6; como sinal negativo de esperança, 170-1; otimismo subestima o, 26-7, 180; aspecto passivo da esperança e, 98-9; arrogância comparada ao, 114-5; em *Rei Lear*, de Shakespeare, 161-2; suicídio e, 102-3; teleologia e, 175-6
Dia do Juízo Final, 45, 50-1, 175
Dialética da natureza (Engels), 133
Dialoge aus dem Messingkauf (Brecht), 162-3
Dickens, Charles, 16-7, 27, 35n
Donne, John, 120
Dostoiévski, Fiódor, 33
Doutor Fausto (Mann), 171-2, 180-1
Doutor Fausto (Marlowe), 60
Dublinesca (Vila-Matas), 165
Dulles, Avery, 55-6

Ecce Homo (Nietzsche), 18
Eclesiastes, Livro de, 26
Eliot, T. S., 20, 59, 94, 153, 171
Eneida (Virgílio), 118
Engels, Friedrich, 133
Enquirídio (Agostinho, Santo), 62
Ensaio sobre a cegueira (Saramago), 28
Ensaio sobre o homem (Pope), 22, 63
Epicuro, 98, 147
Erikson, Erik, 14, 64, 180

escatologia, 75, 79-80, 126
eschaton, 44-5, 128
Espártaco (Kubrick), 172-3
Espectros de Marx (Derrida), 111
esperança: como abandono do eu, 96-7; absoluta, 89, 90-1, 99-100; adjetivos associados à, 59; como afirmativa, 86-7; na ação, 89-90; ateísmo e, 161; autêntica, 15-6, 154-5; Benjamin sobre a crença na imanência histórica da, 50-1; Bloch sobre a, 80-1, 84, 129-30, 132, 135-6, 138-9, 141-9, 176; capacidades humanas inatas para a, 51-2; "mas não para nós", 102; pode admitir a perda, 172-3; pode ser cultivada, 84; certeza e, 108-15; cristianismo rompe o vínculo entre progresso e, 44-5; como desprovida de sentido, 90-1; os mortos como um caso perdido, 40; decidir ter, 98-9; diminui no capitalismo, 23-4; otimismo profundo como forma de, 26-7; desejo e, 61-2, 69-78, 85-6, 89, 98-9; desespero como sinal negativo de, 170-1; definição no dicionário de, 111; como disposição em vez de experiência, 83-5; como emoção, 80-4; e acontecimentos do nosso tempo, 61; fé e, 61-3, 71-2, 96-7; falsa, 26-7, 59, 60-1, 120, 161-2; como fetichismo do futuro, 65-6; em *O grande Gatsby*, de Fitzgerald, 67-9; como força na constituição do futuro, 115-7; fundamental,

92-3, 100-4; genuína, 57, 82-3, 179-80; baseada no cristianismo, 59-60; muita, 14-5, 116-7; historicismo ligado à preocupação com a, 78-9; humildade e, 98-9; como ideologia, 90-1, 99-100; como ilusão, 63-9; no imanentismo, 56-7; pelo impossível, 69-73; como indignidade, 59-60; em algo *versus* por algo, 69-70; interação entre presença e ausência na, 77-8, 87-8; Samuel Johnson sobre a, 61, 66-7; no sistema kantiano, 21-2; Kierkgaard sobre a, 106-7; conhecimento e, 108-15, 151-2; linguagem e possibilidade de, 165-6; em *Radical Hope*, de Lear, 151-5; suspeita da esperança por parte da esquerda, 60-1; como legado, 172; olha para o futuro, 74-8; perdida, 171-2; o amor comparado à, 15-6, 69-70, 96; Marcel sobre a, 69-72, 89-94; no marxismo, 57; como mais necessária quanto mais difícil a situação, 17-8; como ingênua, 59; no Código Niceno, 111; o optimalismo não tem necessidade de, 17-8; otimismo e, 13-8; paradoxo da, 172; aspecto passivo da, 98-9; o passado fornece fontes de, 49-50; Paulo sobre a, 92-4; como atuante, 115-7; como revolução permanente, 97-8; visões pré-modernas da, 63-4; radical, 152-3; como desejo racional, 74-5, 85-6; concretizada, 72-3; de salvação, 67; autoengano e, 59; "primaveras eternas", 63-4; suicídio como questão de, 103-4; como virtude teológica, 59, 61-2; Tiger sobre a biologia da, 24-5; a tragédia despreza a esperança social, 59-60; trágica, 50-1, 172-3, 180; confiança e, 61-3, 63-4, 74-5, 84-5, 92-4, 96-7, 101-2, 113-4; forma incondicional de, 100; irracional, 70-2; como uma virtude, 83-6; o que é isso?, 59-122; como aquilo que sobrevive à destruição geral, 154-5

Espinosa, Baruch, 109, 117-8, 126

Ésquilo, 60, 66-7

Estados Unidos, otimismo como ideologia nos, 24

estoicos, 98-9, 117-9

eternidade: Benjamin sobre a realização dela aqui e agora, 51-2; Bloch sobre o momento presente e a, 95-6; viver intensamente como a prefiguração da, 121-2; confundir o infinito com o eterno, 51-2; considerar seu próprios atos do ponto de vista da, 174; o eu como baseado na, 171-2

Eurípedes, 65

fascismo, 47, 130, 139

fatalismo: Benjamin identifica a crença na imanência histórica da esperança com o, 51-2; desespero e, 104-5; otimismo e pessimismo como formas de, 16-7; otimista, 20-2; Ridley como fatalista, 42-3

Índice remissivo

fé: credulidade como corolário da, 59; como discrepante, 69-70; política baseada na fé, 26; esperança e, 61-2, 72-3, 96; na humanidade, 55-6; conhecimento e, 108-9, 112-4, 151-2; como sujeita à dúvida, 90-1; paradoxo da, 172; Paulo sobre a, 92-4; como confiança, 110-1
felicidade, 26-7, 42-3, 56, 66-7, 69, 74, 76-7, 84, 102, 108, 117-8, 136
feminismo, 60-1, 113
Filoctetes (Sófocles), 119, 165
Fílon de Alexandria, 78
Fim de partida (Beckett), 129-30
Fitzgerald, F. Scott, 67-9
Francisco José, imperador, 26
Frankl, Viktor, 172
Freud, Sigmund: Bloch sobre, 142-3, 148-9; sobre o desejo, 72-3, 137-8, 142-3; sobre a falsa consciência, 63-4; sobre a fantasia, 27-8; a verdade nua e crua racional de, 18-9
Fromm, Erich, 95, 96n
futuro de uma ilusão, O (Freud), 64

Geach, Peter, 60, 61-2
Geist der Utopie (Bloch), 126
graça: Tomás de Aquino sobre a, 113-4; na doutrina cristã da providência, 135; a desesperança sugere a, 164-5; natureza humana e, 56-7; Kierkegaard sobre o desespero e a, 172; natureza transfigurada pela, 167-9; em *Rei Lear*, de Shakespeare, 157; nas últimas comédias de Shakespeare, 166-70
Gramsci, Antônio, 87-8, 126
grande Gatsby, O (Fitzgerald), 67-9
Grandes esperanças (Dickens), 27
Gray, John, 103-4
Greene, Graham, 171
guerra, 23, 32-3, 37, 38-9, 41-2, 51-2, 72, 99, 126, 146, 177-8; imperialista capitalista, 31-2; mortes pela, 177-8; depressão econômica desencadeia a, 37; nuclear, 32-3, 35-6, 37, 38-9; número de mortos no século XX, 38-9, 177-8
guerra nuclear, 32-3, 35-6, 37, 38-9

Habermas, Jürgen, 123-4, 125, 126, 133-4, 139
Hamlet (Shakespeare), 163, 166
Hardy, Thomas: contingência e indeterminação e tragédia nas obras de, 161; sobre o decaimento da fé em esperança, 108-9; *Longe da multidão*, 78-9; *Judas, o obscuro*, 27-8; estoicismo na obra de, 117-8; *Tess dos D'Urbervilles* [Tess Durbeyfield], 27-8; a tragédia nos romances de, 27-8; sobre o universo não como um agente, 135-6
Heaney, Seamus, 179
Hebreus, Epístola aos, 93
Hedda Gabler (Ibsen), 166
Hegel, Georg Wilhelm Friedrich: hegelianismo de Bloch, 145-6;

visão cômica da história de, 47;
Geist de, 129-30; marxismo influenciado por, 126, 128-9; sobre o negativo, 147-8; sobre a coruja de Minerva, 153-4; filosofia da reminiscência de, 79-80; Ridley comparado a, 41-2
Heidegger, Martin, 94, 108, 123, 126
história de Rasselas, príncipe da Abissínia, A (Johnson), 67
história: esperança autêntica como paradigma da, 154-5; Benjamin sobre o significado do passado, 49-50; o Anjo da História de Benjamin, 48-9, 51-2; visão de Bloch da, 142-3; teorias cíclicas da, 144; como morta para o progressismo, 49-50; fim da, 51-2, 100-1, 152; o *escathon* e a, 45; dos fracassos da história, 46; imanentismo, 56-7; visão de Kant do progresso infinito e a, 49; Marx sobre o passado, 144-5, 178-9; visão de Marx da, 138-9; o Messias rompe com ela, 44-5; como do nosso lado, 136; secular, 45-6, 50-1, 168-9; teleologia, 45, 51-2, 175-6; universal, 47
historicismo: oposição de Benjamin ao historicismo esquerdista, 56-7, 143; do deísmo, 22; era messiânica e, 47-8; preocupação com a esperança ligada ao, 78-9; de Ridley, 41-2; ponto de vista da eternidade *versus*, 174
Hobbes, Thomas, 71, 86-7
Homo Viator (Marcel), 89, 90-1

Hooft, Stan van, 71, 81
Hope and History (Pieper), 101
Hope in the Age of Anxiety (Scioli; Biller), 25
Hopkins, Gerard Manley, 163-4
Horkheimer, Max, 46-7, 54-5, 165
Hudson, Wayne, 132-3
humanismo comercial, 41
Hume, David, 80-1, 86-7

Ibsen, Henry, 41, 64, 161-2, 171, 179
imanentismo, 45, 56-7, 148
independência. *Ver* liberdade (independência)

James, Henry, 14, 17-8
James, William, 25
Jameson, Fredric, 54-5, 95-6, 139-40, 176
Johnson, Samuel, 36, 61, 64, 66-7
jovialidade; alegria; otimismo: na cultura americana, 24-5; como algo banal, 26-7; imatura, 107-1; contingência e, 37; excessiva, 129; como escusa moral, 26; Nietzsche sobre dois tipos de, 18; como não obrigatória, 84-5; temperamental, 14-5, 81-2
Joyce, James, 144
Judas, o obscuro (Hardy), 27
justiça: no tempo histórico, 45; promessa judaica de, 92; uma vida dedicada à busca da, 175-6; Marx sobre a injustiça do capitalismo, 53-4; na história profana, 51-2; recuperando os mortos na memória, 54-5

Kafka, Franz, 102
Kant, Immanuel: sobre a esperança como causa da virtude, 116; sobre a esperança em Deus, 62-3; perfeccionismo de, 20-2; sobre a esperança racionalmente justificada, 74-5; sobre confiar sem conhecer, 92-4; sobre o progresso infinito, 49, 51-2; visão de história de, 79-80; "O que eu posso esperar?", 98-9
Keats, John, 94-5
Kierkegaard, Søren: sobre o desespero, 100, 104-8, 170-1; sobre a fé e o amor, 61-2; sobre a esperança, 64-5; sobre a vida resgatável, 147-8; *A repetição*, 64-5; *O desespero humano*, 62, 104-5, 147-8, 170-1
Kołakowski, Leszek, 126, 141
Kraus, Karl, 68
Kubrick, Stanley, 172-3
Kundera, Milan, 51

Lacan, Jacques, 89-90
Lash, Nicholas, 5, 112
Lawrence, D. H., 95, 96-7, 103-4
Lear, Jonathan, 151-5
Lec, Stanisław, 33
Leibniz, Gottfried Wilhelm, 17, 22, 93, 110
leopardo, O (Tomasi di Lampedusa), 119
Leviatã (Hobbes), 71
liberalismo: cristianismo mal interpretado pelos liberais seculares, 40; marxistas e cristãos comparados ao, 20; otimismo associado ao, 19-20
liberdade (independência): Bloch sobre a, 124, 127-8; valor intrínseco da luta pela, 175-6; promessa judaica de, 92; Marx sobre os custos da, 30-1, 53-4; desconfiança do destino de, 18-9; universo não determinista, 109; pessoal *versus* social, 42; prosperidade associada à, 29-30; revolta de Espártaco pela, 172-3; Schelling sobre ameaças à, 172-3; autoprivação e, 164-6
linguagem: possibilidade de esperança e, 165-6; a estrutura temporal da esperança envolve a, 77-8
Locke, John, 80
Longe da multidão (Hardy), 109
Lorenz, Konrad, 37
Löwy, Michael, 51
Lutero, Martinho, 78-9, 79, 84-5, 99-100

Macbeth (Shakespeare), 98, 100-1, 162
Macquarrie, John, 97-8
mal: esperança como, 65-6, 120; criação humana, 180; em *Doutor Fausto*, de Mann, 180; progresso para resolver o problema do, 23; radical, 134-5; realidade do, 137; teodiceia, 22-3, 51-2, 53-4, 141-2, 145-6
manifesto comunista, O (Marx; Engels), 32, 131

Mann, Thomas, 171-2, 180-1
Marcel, Gabriel: sobre a espera ativa, 94; sobre o otimismo profundo, 26-7; sobre o desespero, 102-3; sobre ficar arrasado, 172-3; *Homo Viator*, 89, 90-1; sobre a esperança, 69-70, 71-2, 88-94, 100-1
Marlowe, Christopher, 60
Martin Chuzzlewit (Dickens), 16-7
Marx, Karl: Benjamin reformula sua visão da história, 47; sobre o capitalismo e o progresso moderno, 30-4; sobre transformar o mundo em vez de interpretá-lo, 165-6; *O manifesto comunista*, 32, 131; sobre o desejo, 138; crença na evolução das forças produtivas, 41-2; sobre a história, 138-9; materialismo de, 134; sobre a história passada, 144-5, 178-9; sobre a harmonia do futuro, 153-4; sobre o progresso, 52-5; sobre a evolução da história, 129-30. *Ver também* marxismo
marxismo: sobre a existência autêntica, 147-8; de Bloch, 123, 125-9, 133-4, 134-5, 142-3; determinismo do, 114-5; viés eurocêntrico do, 126-7; sobre o fascismo, 139; como pessimista em relação ao presente, mas otimista em relação ao futuro, 20; abertura ao pensamento não marxista do Ocidente, 126; pessimismo e, 174-5; sobre o progresso, 52-5, 128-9; proto-, 128-9; desafio e determinismo do, 20-2; como tragédia, 52-7, 144-5. *Ver também* socialismo
McCabe, Herbert, 7, 177
Medida por medida (Shakespeare), 164-5
"Meditações em tempo de guerra civil" (Yeats), 120-1
Meillassoux, Quentin, 161
Melville, Herman (*Moby Dick*), 69
mercador de Veneza, O (Shakespeare), 156-7
Messias, 44-9; chegada do, 91, 102; messianismo de Benjamin, 126, 131-2, 176; era messiânica, 44-5, 47-9, 51-2; confiança de São Paulo no, 110-1
Middlemarch (Eliot), 27
Mill, John Stuart, 62-3, 83-4
Miller, Arthur, 69, 161-2
Milton, John, 133, 135-6
mito de Sísifo, O (Camus), 118
Moby Dick (Melville), 69
moinho à beira do rio Floss, O (Eliot), 27
Moltmann, Jürgen, 79-80, 97-8
morro dos ventos uivantes, O (Brontë), 27
morte da tragédia, A (Steiner), 55
morte de Danton, A (Büchner), 22, 167
morte de um caixeiro-viajante, A (Miller), 69, 161-2
mortos: como um caso perdido, 40, 72; Bloch sobre a morte, 146-7; pulsão de morte, 121-2; dotando-os de um novo significado, 50-1; Kierkegaard sobre a morte, 106-7; recuperando-os na memória, 54-5; historiadores

revolucionários os salvam do esquecimento, 46; morte em vida estoica, 118-9; suicídio, 33, 38n, 47, 65-6, 81-2, 102-4
mudança climática, 39
Mulheres apaixonadas (Lawrence), 95

Nancy, Jean-Luc, 110-1
nascimento da tragédia, O (Nietzsche), 18
natureza humana, 41, 56-7, 157, 167-8, 168-9, 178-9
Niceno, Código, 111
Nietzsche, Friedrich: sobre o otimismo, 18; sobre a falsa consciência, 63-4; sobre o futuro redimindo o passado, 48-9; sobre o trabalho e a cultura, 23; como filósofo do poder, 123; sobre permanecer leal à Terra, 167-8; sobre o Übermensch, 48-9
nobre selvagem, mito do, 30
nostalgia, 50-1, 59

O'Connor, Sinead, 177
O'Neill, Eugene, 119
obras de arte, 27, 50, 76, 127
óculos cor-de-rosa, ver o mundo através de, 14
"Ode a um rouxinol" (Keats), 94
"On the Death of Dr. Robert Levet" (Johnson), 66
optimalismo 17-8
Oresteia (Ésquilo), 59-60
Orgulho e preconceito (Austen), 28
Otelo (Shakespeare), 160, 161-2

otimismo: esperança autêntica comparada ao, 15-6, 154-5; como sem fundamento, 13-4; crença no progresso do, 17; como cego à nuance e à diferenciação, 26-7; beirando a doença mental, 26; incapaz de reconhecer a perda, 172-3; conservadorismo associado ao, 17-8; cósmico, 22-3, 110-1; profundo, 28-9; desespero subestimado pelo, 26, 179-80; como egoísmo, 16-7; formas extravagantes de, 22; esperança fundamental diferenciada do, 100-2; Gramsci sobre a vontade e o, 87-8; esperança e otimismo temperamental, 18; esperança como mais uma questão de crença que de, 13-4; esperança não como uma questão de, 57; o indivíduo esperançoso comparado ao otimista, 83-4; no imanentismo, 56-7; como simplesmente não tendo grandes expectativas, 14-5; obstáculos subestimados pelo, 26; optimalismo comparado ao, 17-8; otimistas não podem desesperar, 180; patológico, 113-4; pessimismo identificado ao, 14; pragmático, 13-4; como postura primordial, 13-4; profissional, 13-4; quintessência do, 177; como peculiaridade de comportamento, 14-5; racional de Ridley, 28-44; como autossustentável, 13-6; nos Estados

Unidos, 24; como visão de mundo, 19-20
otimista racional, O (Ridley), 28-30, 32, 33-4, 41-2. *Ver também* Ridley, Matt

Pandora, 65-6
Pannenberg, Wolfhart, 79-80
Pascal, Blaise, 64-5, 164-5
Paulo, São: sobre o cuidado com o futuro, 78-9; sobre lidar com o mundo como se não tivéssemos nenhuma ligação ele, 174; sobre a esperança e a certeza, 92-4, 110-1, 113-5; sobre a esperança e o desejo, 74-5; sobre a esperança que chega além do véu, 92-4; sobre ver como em espelho, obscuramente, 123-4
pecado original, 179-80
Peirce, C. S., 113
pequena Dorrit, A (Dickens), 27
perfeccionismo, 20-2, 133-6
perfectibilidade, 22-3, 49-50, 68-9
Persuasão (Austen), 113-4
pessimismo: de Benjamin, 18-9; como cego para a nuance e a diferenciação, 26-7; Gramsci sobre o intelecto e o, 87-8; por a natureza ser incapaz de transcender a si mesma, 167-8; otimismo comparado ao, 14; esquerda política e, 174-5; como ponto de vista político, 60-1; realidade associada ao, 25; como autossustentável, 15-6; como desconfiado dos esforços de aperfeiçoamento, 16-7;

a tragédia fere mais fundo que o, 154-5; nos Estados Unidos, 24; como irrealista, 61; como visão de mundo, 19-20
Piedade cruel (O'Neill), 119
Pieper, Josef, 89, 100-1, 115
Pinker, Steven, 38-9, 177*n*
Platão, 65, 118, 131
pleroma, 121-2, 127-8, 142-3
pobreza do historicismo, A (Popper), 112
Pope, Alexander, 22, 63-4
Popper, Karl, 112
pós-modernismo, 15, 20, 105-6, 111
princípio esperança, O (Bloch), 11, 87, 95, 123, 125, 126-7, 128, 136, 144-5, 146-7
progresso: todos os momentos desvalorizados na ideologia do, 49; passado incivilizado em contraste com o futuro luminoso, 40-1; desconfiança de Benjamin do, 18-9, 174, 176; Bloch sobre o, 133-4, 136, 144-5; progressismo burguês, 47-8, 115; capitalismo no progresso moderno, 29-31; a China pode assumir o bastão do, 34-5; o cristianismo rompe o vínculo entre a esperança e o, 44-5; a história como morta no progressismo, 49-50; como indubitável na história, 20-2; Kant sobre o progresso infinito, 49, 51-2; visão marxista do, 52-4, 129-30; era messiânica como em conflito com a doutrina do, 49-50; reivindicações silenciosas pelo,

38-9; progressismo ingênuo, 35-6; guerra nuclear *versus*, 32-3; os otimistas tendem a acreditar no, 17; *versus* Progresso, 20-2, 41-2; para resolver o problema do mal, 23; considerado como inexorável, 41-2
Prometeu acorrentado (Ésquilo), 66-7
Prometeu desacorrentado (Shelley), 116
promissor, 75-6, 80-1
Proust, Marcel, 51, 95-6
psicanálise, 72, 76-7, 89-90, 93-4, 100, 137-8, 142-3, 176

Quatro quartetos (Eliot), 94

Radical Hope (Lear), 151-5, 164
Rahner, Karl, 66, 96-7
redenção: no apocaliptismo, 56-7; Benjamin sobre sua própria, 45-6; contemplar as coisas do ponto de vista da, 174; no fim *versus* no centro da história, 51-2; na noção hebraica de verdade, 79-80; a esperança de Kafka, "mas não para todos nós", e a, 102; Kierkegaard sobre a vida redimível, 147-8; precisa incluir a ressurreição, 147-8; progresso confundido com, 44-5; monotonia redentora, 118-9; rejeitar a possibilidade de, 101-2; no *Rei Lear* de Shakespeare, 161-2; nas últimas comédias de Shakespeare, 166-7; nas tragédias de Shakespeare, 59-60
Rei Lear (Shakespeare), 98, 155-66

religião nos limites da simples razão, A (Kant), 93-4
Rengsdorf, Karl Heinrich, 113
repetição, A (Kierkegaard), 65
república, A (Platão), 118
resignação, 117-9
ressurreição: a esperança e a promessa cristãs da, 84; não anula a crucificação, 55-6, 177; como auspiciosa, 177; de Jesus, 84, 114-5, 135; no Código Niceno, 111; esperanças habituais e, 59-60; a redenção inclui a, 147-8; no *Rei Lear* de Shakespeare, 161-2; nas últimas comédias de Shakespeare, 166-7; como "segura e certa", 113-4; esperanças utópicas e, 97-8
Richardson, Samuel, 27-8
Ricoeur, Paul, 71, 79, 111-2
Ridley, Matt, 28-44; sobre o cristianismo, 40; humanismo comercial de, 41; como fatalista, 42-3; sobre a constância da natureza humana, 41; sobre a inovação, 35-6; sobre as forças do mercado, 30-1, 33-8; sobre o progresso moderno, 29-30; no banco Northern Rock, 33-4; e a guerra nuclear, 32-3; sobre a inexorabilidade do progresso, 41-2; e o autoengano, 174-5
romance, finais desastrosos raros no, 27-8
Romanos, Epístola aos, 75
romantismo, 19-20, 86, 116-7, 130-1, 136-7, 141

Rumsfeld, Donald, 93
Ryle, Gilbert, 82

Saramago, José, 28, 100
Sartre, Jean-Paul, 65, 108, 126
Schelling, Friedrich, 173
Schopenhauer como educador (Nietzsche), 18
Schopenhauer, Arthur, 64, 65-6, 103-4, 119, 165
Sebald, W. G., 72
Sêneca, 119
Senhorita Júlia (Strindberg), 162
sentimentalismo: o amor cai no, 59; otimismo comparado ao, 16-7
sentimento trágico da vida, Do (Unamuno), 63
Shakespeare, William: *Antônio e Cleópatra*, 120-2; *Coriolano*, 98-9; *Hamlet*, 162-3, 166; *Rei Lear*, 98-9, 155-66; últimas comédias de, 166-7; *Macbeth*, 98-9, 161; *Medida por medida*, 165; *Otelo*, 161-2; *A tempestade*, 166-7; tragédias de, 59-60; *A décima segunda noite*, 169; vilões de, 98-9, 159; *Conto de inverno*, 121, 166-70
Shelley, Percy Bysshe, 116
síndrome de *Brighton Rock*, 171
soberba, 114
socialismo: como desastroso na prática, 31-2; imanentismo e, 56-7; Marx sobre o, 52-3; científico, 109-10, 111-2. *Ver também* comunismo
Sófocles, 119, 165
Solness, o construtor (Ibsen), 162

Spencer, Herbert, 21, 41, 132
Stein, Walter, 161
Steiner, George, 55, 59-61
suicídio, 33, 38n, 47, 65, 82, 102-3, 136
surrealismo, 19, 47, 137
Swinburne, Richard, 22

Tchekov, Anton, 66, 102
Teilhard de Chardin, Pierre, 133
teleologia: o Anjo da História de Benjamin e a, 51-2; no pensamento de Bloch, 133-4, 143; esperança e, 76-7, 172; não ter êxito no fim *versus* a, 175-6; relação entre história e *eschaton* e a, 45; *Rei Lear* de Shakespeare e a, 160-1
tempestade, A (Shakespeare), 167
tempo: Bloch sobre a transitoriedade do momento presente, 95-6; consumação do, 47-8; cósmico, 104-5; final dos tempos, 121-2, 146-7; histórico, 45, 48-9, 143n; esperança como força na constituição do futuro, 115-7; de esperança, 92; linear, 143-4; messiânico, 45-6, 48-9, 51-2; secular, 47-8; serialização do, 23-4, 48-9. *Ver também* história
teodiceia, 22-3, 52, 53-4, 141-2, 145-6
terra devastada, A (Eliot), 20, 59
Teses sobre a filosofia da história (Benjamin), 45
Tess dos D'Urbervilles [Tess Durbeyfield] (Hardy), 27-8
Thomas, Edward, 95

Tiger, Lionel, 24-5
Timeu (Platão), 65
Tomasi di Lampedusa, Giuseppe, 118-9
Toole, John Kennedy, 20
tortura, 36, 42, 47-8, 112, 178, 179
tradição, 45, 78, 86
tragédia: esperança autêntica como caso exemplar de, 154-5; Bloch sobre a, contingência e indeterminação na, 161; no romance inglês, 27; genuína, 165-6; história linear como trágica, 144; natureza trágica do marxismo, 52-7, 144-5; contraste do pessimismo com a, 100-1; relação com o próprio futuro na, 172; Steiner sobre a fé na humanidade e a ruína da, 55-7, 59-60; estoicismo como antítese da, 118-9; esperança trágica, 50-1, 172, 180
três irmãs, As (Tchekov), 66
Trótski, Leon, 43-4, 125
Truth and Hope (Geach), 61-2
Turner, Denys, 62, 87

Übermensch, 48
Unamuno, Miguel de, 63
utopia: alcançá-la através da desesperança, 60-1; estimula a esperança, 89-90; Bloch sobre a fonte da, 134, 136; morte como antiutopia, 146-4; Novo Mundo visto como, 68-9; nem toda esperança é uma antecipação da, 139-40; reforma contrastada com, 140-1; descobrir suas sementes na União Soviética, 125; não haverá nenhuma, 176; esperanças utópicas, 97-8

ver o mundo através de óculos cor-de-rosa, 14
Vila-Matas, Enrique, 165
Villette (Brontë), 27
Virgílio, 118
Virtues, The (Geach), 61-2
visões de mundo, otimistas e pessimistas, 19-20, 55
Vivendo no fim dos tempos (Žižek), 172-3
voluntarismo, 87-8, 116-7

Waterworth, Jayne, 81, 85, 88
Williams, Raymond, 11, 30, 61, 96-7, 177
Wittgenstein, Ludwig, 77-8, 80-1, 141

Yeats, William Butler, 120-1, 144, 163

Žižek, Slavoj, 173

SOBRE O LIVRO

Formato: 13,7 x 21 cm
Mancha: 24,5 x 38,7 paicas
Tipologia: Iowan Old Style 10/14
Papel: Off-White 80 g/m² (miolo)
Cartão Supremo 250 g/m² (capa)

1ª edição Editora Unesp: 2023

EQUIPE DE REALIZAÇÃO

Edição de texto
Tulio Kawata (Copidesque)
Marcelo Porto (Revisão)

Editoração eletrônica
Sergio Gzeschnik

Capa
Marcelo Girard

Imagem de capa
Greenwich Foot Tunnel. JRennocks / Wikimedia Commons

Assistência editorial
Alberto Bononi
Gabriel Joppert

Rua Xavier Curado, 388 • Ipiranga - SP • 04210 100
Tel.: (11) 2063 7000 • Fax: (11) 2061 8709
rettec@rettec.com.br • www.rettec.com.br